校园排球教学指导

孙　平　赵　凯　主编

北京体育大学出版社

策划编辑　佟　晖
责任编辑　佟　晖
责任校对　赵红霞
版式设计　联众恒创

图书在版编目（CIP）数据

校园排球教学指导 / 孙平，赵凯主编．-- 北京：北京体育大学出版社，2022.3（2023.7 重印）
ISBN 978-7-5644-3625-4

Ⅰ．①校… Ⅱ．①孙… ②赵… Ⅲ．①排球运动—教学研究—高等学校—教材 Ⅳ．① G842.2

中国版本图书馆 CIP 数据核字 (2022) 第 038418 号

校园排球教学指导　　孙　平　赵　凯　主编
XIAOYUAN PAIQIU JIAOXUE ZHIDAO

出版发行：北京体育大学出版社
地　　址：北京市海淀区农大南路 1 号院 2 号楼 2 层办公 B-212
邮　　编：100084
网　　址：http://cbs. bsu. edu. cn
发 行 部：010-62989320
邮 购 部：北京体育大学出版社读者服务部 010-62989432
印　　刷：三河市龙大印装有限公司
开　　本：700mm × 1000mm　1/16
成品尺寸：170mm × 240mm
印　　张：8.5
字　　数：136 千字
版　　次：2022 年 3 月第 1 版
印　　次：2023 年 7 月第 2 次印刷
定　　价：50.00 元

（本书如有印装质量问题，请与出版社联系调换）

目录 CONTENTS

第四章　小学阶段排球基本战术

第五章　排球竞赛规则及裁判手势

第六章　提高球感的练习方法

第七章　排球课堂小游戏及比赛方法

第一章　排球运动赏析

第一节　排球比赛欣赏

排球运动是兼具竞技性和娱乐性的体育运动项目之一。无论是职业排球运动员还是排球爱好者，人们用各自的方式享受着排球运动带来的乐趣。

排球是竞技性很强的项目。随着运动员平均身高、体能的不断提高，现代排球运动网上争夺更加激烈；随着运动员的技术更加娴熟、配合更加默契，攻防转换速度更快，比赛的来回球更多，战术更加多变，比赛更具观赏性。

排球比赛规则要求在双方击球回合中球不能落地，同一名队员不能连续两次击球，同一方三次击球必须过网，场上运动员还要轮转换位。因此，每一个运动员都必须全面地掌握各项技术，球要在同伴间有目的地传接，在攻防中要沉着应对。这就要求运动员具有全面的技术和稳定的心理。

排球是一个集体项目，对配合的要求很高，队员既要分工明确又要紧密合作。比赛中，二传相当于指挥官，主攻相当于执行者，副攻相当于配合者，自由人相当于后勤保障者，为了共同的目标他们相互配合完成每一回合的较量。

排球也是娱乐性很强的项目。群众性排球娱乐活动形式多样，不同年龄、性别、身体素质的排球爱好者采用不同的方式、方法进行排球活动，享受排球运动带来的乐趣。

现代排球运动呈现出多样化发展趋势，沙滩排球、软式排球、气排球、草地排球、雪地排球、水中排球方兴未艾，人们在不同的自然环境下享受排球运动带来的乐趣。如今气排球已红遍全国，沙滩排球早已成为奥运会的正式比赛项目，期待雪地排球能够成为冬季奥运会的正式比赛项目。

一、场上主力队员的职责

正式比赛一般每队有 12 名队员。每局先发上场的 6 名为主力队员，分别是 2 名主攻队员、2 名副攻队员、1 名二传队员、1 名接应二传队员，另外还有 1 名服装颜色与其他队员不同的自由防守队员（自由人）。为保持 6 名队员在场上，1 名后排副攻队员有时会被自由人替换下场。其他队员则为替补队员。每局上场的主力队员都可以有变化。

（一）二传队员

二传队员一般是场上的核心队员或队长，常在 2 号位或 2、3 号位之间向攻手输送“炮弹”。一支球队的战术打法主要靠二传队员来组织实施，教练员的临场意图和战术变化也主要靠二传队员来贯彻完成。

（二）主攻队员

主攻队员是经常在本方场区前排 4 号位跳起大力扣杀的队员。因为比赛要求轮转换位，主攻队员有时会在别的位置参与进攻，但在来回球多时，主攻队员主要还是在 4 号位扣球，好的主攻队员还常在 6 号位或 5 号位实施后排进攻，主攻队员的接发球和防守技术也比较全面。

（三）副攻队员

副攻队员经常站在前排中间 3 号位上，他的主要任务是打快攻，如快球、短平快球、背飞球等，并且要担负拦网的重任，协助本方两边（2、4 号位）的队员拦截对方的进攻。当轮转到后排时，副攻队员常被自由防守队员换下。副攻队员一般都身材高大，前排移动速度快、起跳快、下手快。

（四）接应队员

接应队员亦称“两翼队员”，经常在 2 号位进攻，或参加跑动掩护进攻，或在 1 号位实施后排进攻。接应队员常常是技术非常全面的运动员，除了进攻得分，在前排也能拦击对方主攻手的进攻。

（五）自由人

自由人穿着与其他上场队员明显不同的服装，主要在后排承担防守重任。他可以替换场上后排任何一名队员，但不能在前场区（进攻线线前）传球组织进攻，更不能扣球、拦网和发球。

场上两名主攻队员是站在对角位置的，如一名主攻队员站在 2 号位，另一名主攻队员站在 5 号位；或者一名主攻站在 4 号位，另一名主攻站在 1 号位。同样，两名副攻、二传和接应二传队员也是站在对角位置的。这样就能保证轮转后每轮的前排都有一名主攻，一名副攻，一名二传或接应二传，使场上每轮攻守基本平衡。为保证强有力的后防线，一般由自由人替换副攻队员。

二、欣赏排球比赛

一名内行的排球比赛观众，懂得欣赏排球比赛的精妙之处。

（一）看进攻配合

二传和 3 号位副攻队员的快攻配合突然、快速，常常打得对手措手不及。看副攻队员掩护起跳后，二传队员将球突然传给后排队员组成的立体进攻体系，扣球队员冲飞至前排，手起球落；或转移给前排两边的攻手，形成使对方只能单人拦网或无人拦网的进攻优势。现在男子排球的扣球速度已超过人的反应速度，如果没有拦网，很难直接防起。

（二） 看发球

现代排球比赛的进攻从发球即开始。大力跳发球在比赛中的运用越来越多。男运动员跳发球的球速可达135千米/小时，女运动员的跳发球速度也已接近每小时百千米。比赛中大力跳发球常常是与找点、找人发球相结合，或长距离的飘球与轻飘球吊到对方网前相结合，造成对手移动不及时而导致接球失误，或接球不到位，打乱对方的进攻节奏，给本方的防守反击创造有利条件。

（三） 看攻手的变化

优秀的攻手常常能扣出线路多变的球，一会儿直线、一会儿斜线，成功避开拦网手；还可以找准对方拦网手，从拦网手外侧或手指上超手扣球，制造打手出界；或者重扣与轻吊相结合，使对手防不胜防。

（四） 看二传的变化

好的二传手眼观六路，常能看准对方的空当或弱点传球，或用一些假动作来迷惑对方拦网队员，造成对方单人拦网，甚至无人拦网，使攻手轻易得手；有时突然袭击，二次扣（或吊）球打得对方措手不及；有时来球极其冲网，他可能跳起用一只手轻轻一点，为攻手“绝杀”制造机会；也可能在极其困难的情况下倒地传出好球，出人意料地使攻手一击中“的”。

（五） 看场上的气势和团队精神

顽强拼搏、每球必争的作风体现在眼见要落地的球生生被救起，扣杀得分后的振臂怒吼，满场奔跑显示的斗志，配合成功的击掌相庆，同伴失误后的相互鼓励。这些都强烈地展示出排球运动的魅力所在，让观众感到震撼。

三、世界主要排球赛事介绍

国际排球联合会（以下简称国际排联）是一个国际性的排球组织。1947年在法国巴黎正式成立。国际排联组织的世界三大赛事为世界锦标赛、世界杯赛和奥运会排球比赛。还有一个职业排球赛事为排球国家联赛，其前身是世界男排联赛和世界女排大奖赛。

（一）世界排球锦标赛

世界排球锦标赛是由国际排联主办的历史最长、规模最大的世界性比赛，每 4 年举行一届，受到各国普遍重视。第 1 届世界排球锦标赛始于 1949 年，最初只有男子比赛，女子比赛始于 1952 年。中国女排曾获得第 9 届（1982 年）和第 10 届（1986 年）世界排球锦标赛的冠军。

（二）世界杯排球赛

世界杯排球赛是各国的男、女球队参加的国际性排球比赛，每 4 年举办一届。第 1 届世界杯排球赛于 1965 年在波兰华沙举行。这届比赛只设男子比赛，女子世界杯排球赛从 1973 年开始。中国女排曾获得第 3 届（1981 年）、第 4 届（1985 年）、第 9 届（2003 年）、第 12 届（2015 年）和第 13 届（2019 年）世界杯排球赛冠军。

（三）奥运会排球赛

奥运会男、女排球赛始于 1964 年第 18 届奥运会，是世界最高水平的排球比赛，每 4 年举行一届。参赛队伍男、女各 12 支球队。中国女排曾获得第 23 届（1984 年）、第 28 届（2004 年）和第 31 届（2016 年）奥运会女子排球冠军。沙滩排球比赛于 1996 年正式进入奥运会。

（四）排球国家联赛

排球国家联赛于 2018 年正式举行，每年一届。该赛事的前身是国际排联在 1987 年设立的职业排球赛事，1990 年正式举行世界男排联赛，1992 年开始举行世界女排大奖赛。经过十几年的发展，这项赛事已经发展到前所未有的高度，成为展现排球运动最高水平的窗口。中国女排曾获得世界女排大奖赛的多个分站赛冠军。

第二节　校园排球课程价值

一、传承女排精神，弘扬中华体育精神

2019 年 9 月 29 日中共中央总书记、国家主席、中央军委主席习近平致电祝贺中国女排夺得 2019 年女排世界杯冠军。贺电中赞道："在 2019 年女排世界杯比赛中，你们以十一连胜的骄人成绩夺得了冠军，成功卫冕，为祖国和人民赢得了荣誉。你们在比赛中不畏强手、敢打敢拼，打出了风格、赛出了水平，充分展现了团结协作、顽强拼搏的女排精神。我向你们表示热烈的祝贺和诚挚的问候!"

9 月 30 日习近平总书记在会见中国女排教练员、运动员代表时谈到：在提前一轮锁定冠军的情况下，你们在最后一场比赛中没有丝毫懈怠，尊重对手，尊重自己，坚持打好每一个球，很好诠释了奥林匹克精神和中华体育精神。中国女排夺得了第五个女排世界杯冠军，第十次荣膺世界排球"三大赛"冠军，激发了全国人民的爱国热情，增强了全国人民的民族自信心和自豪感。习近平指出，本届女排世界杯期间，全国人民都在关注你们，每一场比赛都有亿万人民为你们加油。38 年前，中国女排首夺世界冠军时，举国上下心潮澎湃，亿万观众热泪盈眶。中国女排"五连冠"，万人空巷看女排。广大人民群众对中国女排的喜爱，不仅是因为你们夺得了冠军，更重要的是你们在赛场上展现了祖国至上、团结协作、顽强拼搏、永不言败的精神面貌。女排精神代表着一个时代的精神，喊出了为中华崛起而拼搏的时代最强音。

女排精神已成为民族精神和时代精神的象征。教师应立足课堂，把女排精神作为排球课程的重要内容之一，渗透于教育教学之中，使女排精神在校园得到传承。

二、培养学生互信、合作、包容的集体主义精神

团结协作是女排精神的精髓，是集体主义精神在团体项目中的体现。郎平教

练和很多队员在接受采访时都谈到，团队精神是女排精神的首要内涵。她们每个人都牢记“中国女排就是我，我就是中国女排”，充分发挥了优秀团队“1 +1 >2”“6 >6”的系统功能，将“小我融入大我”。

排球比赛中一个人无法完成由防守到进攻的全过程，必须注重队员之间的配合与互助，更加需要彼此包容。在练习、比赛时两人或多人的相互协作、相互配合、共同练习的经历会加深同学之间的信任，相互包容的友情。在一个集体中，学生之间相互包容与配合需要一定的奉献精神，个人要服从集体，还要有承担责任的勇气。教师在安排教学和比赛时要充分发挥每个学生的特点，让学生都能融入比赛，通过合作获得胜利，可以提高学生间的协作能力，培养学生的集体荣誉感。

三、促进学生心理素质和身体素质的全面发展

排球运动的特点是球在空中飞行时截击击球，且不能持球，三次击球必须过网，这些特点可以培养学生的快速反应能力，培养其果断决策、不后悔、不断总结得失等心理品质。排球各项技术都可以得分，又都可能失分，因此，要求学生对技术的掌握必须精准细腻，不断完善自我。排球比赛除了发球以外，所有的进攻都是从防守开始，所以要求学生必须首先化解危机，才有可能取得胜利，那种化险为夷、反败为胜的感觉非常鼓舞斗志。排球比赛很多时候以失误终结一分的争夺，真真切切地使学生体验更多的挫败感，教师的积极引导将使学生学会坦然地接受失败，又能够勇敢坚强地面对挫折。这种屡败屡战、越挫越勇的经历，可以帮助学生形成强大的人格特质。

排球运动属于隔网对抗项目，随着技术水平的提高运动量不断增大。参加排球运动可以改善机体各器官的机能，提高身体灵活性和平衡能力，全面提高身体素质和运动能力。教师在排球教学中应充分发挥排球运动的特点，促进学生身心的全面发展。

四、丰富学校的体育活动

积极开设校园排球课程，开展校园排球活动，可以丰富学校体育活动，促进学生德、智、体全面发展。

第二章　校园排球教学文件

第一节　小学四年级教学文件

一、课程性质与目标

（一）课程性质

本课程是为义务教育阶段小学四年级学生开设的排球选项课，是学校体育课程的重要组成部分之一。

（二）课程目标

课程的总体目标是通过系统、合理、科学的排球课程教学，使学生掌握排球的基本技术和简单战术，在比赛中具备初步运用技战术的能力。在全面发展身体素质的基础上，逐步提高学生的排球专项运动技能。通过排球课程的学习，学生达到“懂、会、乐”的体育效应。

四年级的课程目标是：培养学生对不同来球的感知，培养判断和移动接球的意识及能力，学习并初步掌握正面双手垫球、正面双手传球和正面下手发球技术；通过游戏和简单竞赛，使学生了解排球比赛的基本规则，培养学生对排球运动的兴趣；发展学生的灵敏、协调、速度、柔韧等身体素质。

二、教学内容与要求

（一）第一学期

1. 教学内容

判断、移动类：接抛球，接自垫球，移动接抛球，单一方向滑步、跑步移动，观察来球方向。

球感、技术类：双手抛球，正面双手垫球技术，正面下手发球技术。

竞赛、游戏类：分组1对1抛接球比赛，分组1对1模拟场地垫球比赛（允许接住球），结合排球运动的特点进行各种分组接力比赛，以个人为单位的整体比赛。

益智类：控制抛球（击球）落点的意识；小组练习技巧；比赛如何取胜。

2. 基本要求

培养学生对不同来球的感知能力，培养学生判断和移动接球的意识，以及在规定的身体位置（击球点）接住球的技能。使学生初步掌握正面双手垫球动作和正面下手发球动作，纠正错误动作。在选择练习方法时考虑学生灵敏、协调、速度、柔韧等素质的发展，以中小强度的有氧运动为主。结合趣味游戏和比赛，引导学生正确对待比赛，培养学生的运动智能以及对排球运动的兴趣。

（二）第二学期

1. 教学内容

判断、移动类：观察来球速度，接不同速度的抛球，移动接抛球，前后左右滑步、跑步移动。

球感、技术类：控制抛球、击球的落点，单手抛球；正面双手传球技术；正面双手垫球技术；下手发球技术。

竞赛、游戏类：分组 1 对 1 抛接球比赛，分组 2 对 2 小场地垫球比赛（允许接住球），结合排球特点的各种分组接力比赛，以单人或双人为单位的整体比赛。

益智类：小组练习技巧，比赛如何取胜，练习成果和体会的分享。

2. 基本要求

进一步培养学生对排球运动的兴趣；逐步提高移动速度、变向能力和接球的稳定性；帮助学生较熟练地掌握垫球技术和下手发球技术，初步掌握正面双手传球技术动作，纠正错误动作；进一步培养学生判断来球和控制球落点的意识和能力；重视发展学生的灵敏、协调、速度、柔韧等身体素质。

三、学时分配

四年级各学期学时分配如表 2 –1 所示。

表 2 –1　四年级各学期学时分配

学期	教学内容				合计
	预判、移动类	球感、技术类	竞赛、游戏类	益智类	
第一学期	4	6	4	2	16
第二学期	4	6	4	2	16
合计	8	12	8	4	32

四、考核内容及成绩评定方法

（一）考核内容

考核内容包括：基本技术，学习态度及行为表现，情意表现与交往合作。

基本技术（60%）：移动接球，连续自垫球，下手发球，连续自传球。

学习态度及行为表现（20%）：出勤情况，完成教师布置的课内外练习，主动参与学习和锻炼。

情意表现与交往合作（20%）：坚强的意志力，情绪的自我控制，合作精神，人际关系。

（二）成绩评定方法

1. 基本技术考核

采用技术评定与达标相结合的方式。

（1）技术考核内容及方法（表 2－2）

表 2－2　技术考核内容及方法

学期	考核内容	考核方法
第一学期	移动接球 10 次	教师距离 4 米抛球，学生移动范围 1 米，在腹前接住球
	连续自垫球	学生自垫球（不限移动范围），垫球高度在头部 0.5 米以上
	垫球技术规范	连续自垫球考核时进行技术评定
第二学期	下手发球 5 次	学生距网 6 米处发球，将球发到对方场区内
	连续自传球	学生自传球（不限移动范围），传球高度在头部 0.5 米以上
	下手发球技术规范	下手发球考核时进行技术评定

（2）技术评分标准

①移动接球，每球 2 分，满分 20 分。

②连续自垫球（第一学期）或连续自传球（第二学期），根据连续次数获得相应分数（表 2－3），满分 20 分。

表 2－3　连续自垫球、连续自传球达标成绩

连续次数	15	14	13	12	11	10	9	8	7	6	5	4	3	2	1
得分	20	19	18	17	16	15	14	13.5	13	12.5	12	10	8	6	4

③下手发球，每球 4 分，满分 20 分。

④垫球技术动作规范（第一学期）、下手发球技术动作规范（第二学期），满分均为 20 分，扣分标准如表 2－4、表 2－5 所示。

表 2－4　垫球技术动作规范评分标准（20 分）

技术环节	扣分因素	扣分值
手型正确且击球面平整（5 分）	两臂未伸直	1～2 分
	不压腕，前臂未外旋	1 分
	两手未抱拢，两臂高低不一致	1～2 分
击球点和手臂的触球部位合适（8 分）	击球点偏高或偏低	1～2 分
	用手腕部位击球	1～2 分
	手臂触球部位偏上	1 分
全身发力协调（7 分）	不蹬地，只抬手臂	1～2 分
	手臂动作与蹬腿动作不协调	2～3 分
	肌肉过于紧张，动作僵硬	1～2 分

优秀：9 分及以上；良好：7.6～8.9 分；及格：6～7.5 分；不及格：5.9 分及以下。

表 2－5　下手发球技术动作规范评分标准（20 分）

技术环节	扣分因素	扣分值
抛球位置合适且稳定（5 分）	抛球偏高或偏低	1 分
	抛球距离身体偏远或偏近	1 分
	抛球位置不固定	1 分
抛球、引臂和挥臂动作顺序正确（5 分）	抛球、引臂和挥臂动作顺序不正确	1～2 分
	挥臂轨迹不正确	1～2 分
	挥臂时有屈肘动作	1～1 分
击球手法和击球部位正确（5 分）	击球时手腕不固定	1 分
	击球部位不准确	1 分
	击球时手的触球部位不固定	1 分
全身发力协调并作用到球上（5 分）	引臂不充分或引臂重心不在远端腿上	1 分
	蹬地、转体、挥臂动作不协调	2～3 分
	无蹬腿或转体动作，仅手臂挥击	1 分

2. 学习态度及行为表现和情意表现与交往合作考核方法及评价标准

采用学生自评、组评和教师评价的方法，选用“自评——组评——师评”评价表，如表 2－6 所示。

表 2－6　“自评—组评—师评”评价表

序号	评价指标	评价等级														
		自评					组评					师评				
		优	良	中	劣	差	优	良	中	劣	差	优	良	中	劣	差
1	出勤情况															
2	完成教师布置的课内外练习															
3	主动参与学习和锻炼															
4	坚强的意志力															
5	情绪的自我控制															
6	合作精神															
7	人际关系															

评价方法：由学生完成自评和组评部分，再由教师完成师评

五个等级“优、良、中、劣、差”分别赋予分值 100、90、80、70、60

1～5 项内容自评、组评、师评的权重分别为 0.2、0.3、0.5

6～7 项内容自评、组评、师评的权重分别为 0.2、0.5、0.3

自评得分×权重＋组评得分×权重＋师评得分×权重＝最后得分

使用过程：该评价可安排在学期中或者学期末

第一步：自评，将评价表发放给学生，填写好相关内容及对自己的评价

第二步：组评，学生采取小组互评的形式，一个班级可通过随机抽样分成若干小组，要求小组成员都对其他学生按五个等级进行评价，然后遵循少数服从多数或者就高不就低的原则确定等级，最后由小组长在“组评”一栏中划出

第三步：师评，由任课教师对学生一学期的总体表现给出评价

序号 1～3 评价学习态度和行为表现，序号 4～7 评价情意表现与交往合作，分别求得平均分数

五、教学建议

①排球比赛最大的难点是不能持球，学生在触球的同时还要完成准确的击球。降低难点的最好方法就是允许学生接住球。教学初期从接球开始，培养学生准确判断来球和根据来球保持移动的能力，这一点非常重要。

②对于初学者来说，抛球是学习的重点，既是完成多项技术（下手发球、垫球、挥臂技术）的引导动作，又是完成多项技术练习的基础，还可以培养学生控制球的意识。

③形成相对固定的练习小组，指定并隔一段时间更换小组负责人，培养学生团队意识及担当意识。

④每项练习的时间不宜太长，通过变换练习方法，调动学生的学习积极性，维持课堂纪律。

六、教学进度

四年级各学期教学进度如表2－7、表2－8所示。

表2－7　四年级第一学期教学进度

课次	教学内容	教学方式
1	原地、移动拍球（左右滑步，跑步，后退步，转身）	单人练习，分组单人练习
2	原地、移动抛接球（各个方向，各种步法，转身）	单人练习，分组单人练习
3	抛接球比赛，学习排球比赛方法和基本规则	模拟小场地，分组1对1比赛
4	学习双手垫球技术，准备姿势	单人练习
5	双手垫球技术，移动	单人练习，分组单人练习
6	学习下手发球技术，控制球	单人练习，2人1组
7	抛接球，移动抛接球，小型比赛	双人练习，分组1对1比赛

续表

课次	教学内容	教学方式
8	垫球技术，小型比赛	双人练习，分组1对1比赛
9	垫球技术，各种击球、控制球	双人练习，分组1对1比赛
10	垫球比赛	分组2对2比赛，允许接住球
11	下手发球技术	隔网单人练习，分组练习
12	2对2比赛，沟通与配合	分组2对2比赛，允许接住球
13	6对6比赛，沟通与配合	教师边线外发球，允许接住球
14	6对6比赛，沟通与配合	学生场内发球，允许接住球1次
15	技术考核，6对6比赛	技评与达标，学生发球进入比赛
16	技术考核，6对6比赛	技评与达标，学生发球进入比赛

表2-8 四年级第二学期教学进度

课次	教学内容	教学方式
1	原地、移动运球（左右滑步，跑步，后退步，转身）	单人练习，分组单人练习
2	原地、移动抛接球（不同距离、方向、速度，转身）	双人练习，分组练习
3	复习正面双手垫球，下手发球	单人练习，结合球网分组练习
4	学习正面双手传球	单人练习
5	正面双手传球	单人练习，双人练习
6	单手抛接球，下手发球	双人练习
7	复习传球、垫球技术	2~3人1组练习
8	单手抛接球，下手发球	隔网练习，逐步增加距离
9	接发球垫球，移动垫球	结合球网，分组练习
10	6对6垫球比赛	教师抛球，允许接住球1次
11	传球、垫球技术	双人练习，串联练习

续表

课次	教学内容	教学方式
12	传球、垫球技术	2～3 人 1 组练习，串联练习
13	3～4 人或 6 人的传、垫球比赛，学习分工与职责	学生抛球进入比赛
14	传球、垫球技术，6 对 6 比赛	2～3 人 1 组练习，串联练习
15	技术考核，6 对 6 比赛	技评与达标，学生发球进入比赛
16	技术考核，6 对 6 比赛	技评与达标，学生发球进入比赛

注：第二学期教学进度可以根据第一学期的教学情况进行适当调整。

第二节　小学五年级教学文件

一、课程性质与目标

（一）课程性质

本课程是为义务教育阶段小学五年级学生开设的排球选项课，是学校体育课程的重要组成部分之一。

（二）课程目标

课程的总体目标是通过系统、合理、科学的排球课程教学，使学生掌握排球的基本技术和简单战术，在比赛中具备初步运用技战术的能力。在全面发展身体素质的基础上，提高学生的排球专项运动技能。通过排球课程的学习，学生能够达到“懂、会、乐”的体育效应。

五年级的课程目标：进一步熟悉球性，掌握多种移动步法，提高判断和移动能力；巩固正确的正面双手垫球、正面双手传球技术；初步学习变向传、垫球技术，以及鞭打挥臂击球技术；能够进行小场地2对2的传、垫球比赛，并在比赛中初步体验防守分工及语言沟通的重要性，培养学生选择传、垫球技术和控制球的意识；培养学生对排球运动的兴趣，发展学生的基本身体素质。

二、教学内容与要求

（一）第一学期

1. 教学内容

判断、移动类：接同伴抛球，根据来球调整自身位置；跨步、交叉步、跑步等移动步法；观察对方人员位置。

球感、技术类：变向垫球技术，正面双手传球技术，鞭打挥臂击球技术，控制球到位，防守一个小区域。

竞赛、游戏类：小场地2对2传、垫球比赛（允许接住球1次），结合排球的特点进行各种分组接力比赛，以两人为单位的整体比赛。

益智类：选择传、垫球技术的意识；两人各自的防守职责，分工、沟通与配合；小组练习技巧。

2. 基本要求

提高学生的判断能力和移动能力，增强球感，提高垫球和传球技术的稳定性；帮助学生理解变向垫球技术的意义，初步掌握变向垫球技术和鞭打挥臂击球技术；培养学生合理选择传、垫球技术的意识，帮助其初步体验防守分工。

（二）第二学期

1. 教学内容

判断、移动类：接队友不同速度抛球，根据来球调整自身位置；交叉步、滑步等综合移动步法；观察对方球员移动。

球感、技术类：变向传球技术，变向垫球技术，上手发球技术，控制球到位，防守一个小区域。

竞赛、游戏类：小场地3对3传、垫球比赛（允许接住球1次），结合排球特点的各种分组接力比赛，以2~3人为单位的整体比赛。

益智类：选择传、垫球技术的决策能力，两次击球（技术）间的衔接意识，分工、沟通与配合。

2. 基本要求

进一步提高学生的球感和移动能力，判断能力的提高由观察来球转向观察对方人员；使学生掌握正确的技术动作，纠正错误动作；提高垫球、传球和鞭打挥臂击球技术的稳定性；初步掌握变向传球、垫球技术；培养学生正确选择技术的决策能力；帮助学生养成语言沟通的习惯，使队员之间形成良好的沟通氛围。

三、学时分配

五年级各学期学时分配如表2-9所示。

表2-9 五年级各学期学时分配

学期	教学内容				合计
	预判、移动类	球感、技术类	竞赛、游戏类	益智类	
第一学期	4	6	4	2	16
第二学期	2	8	4	2	16
合计	6	14	8	4	32

四、考核内容及成绩评定方法

（一）考核内容

考核内容包括：基本技术，学习态度及行为表现，情意表现与交往合作。

基本技术（60%）：接发球垫球，挥臂击球，网前二传球，上手发球。

学习态度及行为表现（20%）：出勤情况，完成教师布置的课内外练习，主动参与学习和锻炼。

情意表现与交往合作（20%）：坚强的意志力，情绪的自我控制，合作精神，人际关系。

（二）成绩评定方法

1. 基本技术考核

采用技术评定与达标相结合的方式。

（1）技术考核内容及方法（表 2－10）

表 2－10　技术考核内容及方法

学期	考核内容	考核方法
第一学期	接发球垫球 5 次	教师隔网抛球，学生在中场，把球垫到网前 3 号位附近
	挥臂击球 5 次	学生在低网前，原地自抛球，将球扣到对方场内
	挥臂技术动作规范	挥臂击球考核时进行技术评定
第二学期	网前二传球 5 次	教师在中场抛球，学生在网前 3 号位将球传向 4 号位
	上手发球 5 次	学生距网 6 米（端线）处发球，将球发到对方场区内
	传球技术动作规范	网前二传球考核时进行技术评定

（2）技术评分标准

①接发球垫球：将球垫到 3 号位附近，距离球网 2 米左右，高于球网，即为好球，每个好球 2 分，满分 20 分。可根据垫球的效果给 0 分，1 分，2 分。

②挥臂击球：每球 4 分，满分 20 分。

③网前二传球：将球传到 4 号位附近，高于球网 2 米以上，即为好球，每个好球 2 分，满分 20 分。可根据球的不同效果给 0 分，1 分，2 分。

④上手发球：每球 4 分，满分 20 分。

⑤挥臂技术动作规范（第一学期）和传球技术动作规范（第二学期），满分均为 20 分，扣分标准如表 2－11、表 2－12 所示。

表 2－11　鞭打挥臂技术动作规范评分标准（20 分）

技术环节	扣分因素	扣分值
引臂动作协调到位（5 分）	肘关节低于肩	1～2 分
	直臂引臂	1～2 分
	引臂时身体背弓、转体不足或过度	1 分
用力顺序正确（10 分）	仅肩部用力或手腕先用力	2～4 分
	腰—肩—肘—腕的动量传递不流畅	2～4 分
	肌肉紧张，动作僵硬	1～2 分
挥臂动作完整（5 分）	手臂在空中停顿，没有做完整	1～3 分
	没有主动的手腕动作	1～2 分

优秀：9 分及以上；良好：7.6～8.9 分；及格：6～7.5 分；不及格：5.9 分及以下。

表 2－12　双手传球技术动作规范评分标准（20 分）

技术环节	扣分因素	扣分值
手型及手指触球部位正确（8 分）	击球时拇指朝前	1～2 分
	两手高低、前后不齐	1～2 分
	掌心朝前、抬肘过高或过低	1～2 分
	十指触球部位不正确	1～2 分
击球点合适（5 分）	前后偏离击球点	1～2 分
	上下偏离击球点	1～2 分
	左右偏离击球点	1 分
全身用力协调（7 分）	不蹬腿或蹬腿与身体、手臂动作不协调	1～2 分
	伸臂伴送球动作不明显或不充分	1～2 分
	传球时未正对传球方向或身体后仰	1～2 分
	两手用力方向不一致	1 分

2. 学习态度及行为表现和情意表现与交往合作考核方法及评价标准

采用学生自评、组评和教师评价三方评价的方法，如表 2－13 所示。

表 2－13　“自评—组评—师评”评价表

序号	评价指标	评价等级														
		自评					组评					师评				
		优	良	中	劣	差	优	良	中	劣	差	优	良	中	劣	差
1	出勤情况															
2	完成教师布置的课内外练习															
3	主动参与学习和锻炼															
4	适宜的意志力															
5	情绪的自我控制															
6	合作精神															
7	人际关系															

评价方法：由学生完成自评和组评部分，再由教师完成师评

五个等级“优、良、中、劣、差”分别赋予分值 100、90、80、70、60

1 ~ 5 项内容自评、组评、师评的权重分别为 0.2、0.3、0.5

6 ~ 7 项内容自评、组评、师评的权重分别为 0.2、0.5、0.3

自评得分 × 权重 + 组评得分 × 权重 + 师评得分 × 权重 = 最后得分

使用过程：该评价可安排在学期中或者学期末

第一步：自评，将评价表发放给学生，填写好相关内容及对自己的评价

第二步：互评，学生采取小组互评的形式，一个班级可通过随机抽样分成若干小组，要求小组成员都对其他学生按五个等级进行评价，然后遵循少数服从多数或者就高不就低的原则确定等级，最后由小组长在“组评”一栏中划出

第三步：师评，由任课教师对学生一学期的总体表现给出评价

序号 1 ~ 3 评价学习态度和行为表现，序号 4 ~ 7 评价情意表现与交往合作，分别求得平均分数

五、教学建议

①发挥体育委员等班干部的作用，加强课堂管理，形成良好的班风。适当采用奖惩手段。

②基本技术练习可采用固定分组、固定位置的方式，捡球后回到各自位置继续练习，可以有效保证课堂秩序。

③鞭打挥臂技术练习是学生比较感兴趣的四项内容，教学时注意避免学生盲目发力，影响正确动作的掌握，提醒学生不能对着同学挥臂击球。

④发球技术的考核可以根据学生的能力，设定发球距离，男、女生应该有所区别。

⑤变换练习方法、提高练习趣味性、组织各种形式的接力或分组比赛可以保持学生练习的积极性和注意力，有利于提高学习和练习的效果。

六、教学进度

五年级各学期教学进度如表2－14、表2－15所示。

表2－14　五年级第一学期教学进度

课次	教学内容	教学方式
1	原地、移动抛接球	3～4人一组练习
2	学习挥臂鞭打技术，单手抛接球	单人练习，3～4人一组练习
3	垫抛球，移动垫球	双人练习，分组练习
4	鞭打抛球，移动垫球	双人练习，分组练习
5	自传球，传抛球	单人练习，双人练习
6	学习变向垫球，挥臂击球	分组练习，双人练习
7	变向抛接球，变向垫球	3～4人一组练习，分组小型比赛

续表

课次	教学内容	教学方式
8	接发球垫球，4 对 4 比赛	分组练习，分组比赛
9	接发球垫球，传球，控制球	分组练习，串联练习
10	挥臂击球，双手接球，防守意识	双人练习
11	多人传球、垫球，控制球意识，选择技术	4 ~ 6 人一组练习，允许接住球
12	4 对 4 或 6 对 6 比赛，防守分工与技术选择	学生抛球进入比赛
13	4 对 4 或 6 对 6 比赛，防守分工与技术选择	学生发球进入比赛，观摩评价
14	6 对 6 比赛，沟通与配合	学生发球进入比赛，观摩评价
15	技术考核，6 对 6 比赛	技评与达标，学生发球进入比赛
16	技术考核，6 对 6 比赛	技评与达标，学生发球进入比赛

表 2 – 15　五年级第二学期教学进度

课次	教学内容	教学方式
1	原地、移动抛接球	3 ~ 4 人一组练习
2	自传球，自垫球	单人练习，分组计数比赛
3	垫抛球，变向垫球	2 ~ 4 人一组练习
4	挥臂击球，双手接球，防守判断意识	2 人组练习
5	学习变向传球	分组练习
6	多人垫球，传球，控制球，选择技术	4 ~ 6 人一组练习
7	学习上手发球	单人练习，双人练习
8	接发球垫球，网前传球	分组练习，轮换练习
9	接发球垫球，网前传球，串联意识	分组练习，串联练习
10	上手发球，接发球垫球	分组练习，轮换练习
11	多人垫球，传球，控制球，选择技术	4 ~ 6 人一组练习
12	垫球，网前传球，6 对 6 比赛	下手发球进入比赛
13	上手发球，6 对 6 比赛	近距离上手发球进入比赛

续表

课次	教学内容	教学方式
14	网前传球，6 对 6 比赛	近距离上手发球进入比赛
15	技术考核，6 对 6 比赛	技评与达标，学生发球进入比赛
16	技术考核，6 对 6 比赛	技评与达标，学生发球进入比赛

注：第二学期教学进度可以根据第一学期的教学情况进行适当调整。

第三节　小学六年级教学文件

一、课程性质与目标

（一）课程性质

本课程是为义务教育阶段小学六年级学生开设的排球选项课，是学校体育课程的重要组成部分之一。

（二）课程目标

课程的总体目标是通过系统、合理、科学的排球课程教学，使学生掌握排球的基本技术和简单战术，在比赛中具备初步运用技战术的能力。在全面发展身体素质的基础上，提高学生的排球专项运动技能。通过排球课程的学习，学生能够达到“懂、会、乐”的体育效应。

六年级的课程目标是：巩固正确的传球、垫球、挥臂技术；能够在移动条件下运用垫球和传球技术，提高熟练程度；掌握变向传、垫球技术；初步学习助跑起跳及完整的扣球技术；流畅地完成简单比赛，在比赛中能够自主选择传、垫球技术；学习6 人比赛的轮转换位方法并能够进行6 人的简单比赛（教师场外抛球或学生场内发球）；培养学生在比赛中的对抗意识和能力；使学生初步形成团队，培养相互包容、相互帮助的精神；提高学生的灵敏、协调、速度、柔韧等身体素质。

二、教学内容与要求

（一）第一学期

1. 教学内容

预判、决策类：判断取位意识，合理选择技术，技术衔接，接应意识。

球感、技术类：变向传球、垫球，连续对垫球，鞭打挥臂技术，助跑起跳。

竞赛、游戏类：3 对 3 小场地比赛（3 次击球过网，允许接住球 1 次）；6 对 6 比赛（场内发球，3 ~4 次击球过网，允许接住球 1 次）；结合排球运动的特点进行各种分组接力比赛。

心智类：比赛或对抗中的小组战术；练习和比赛中的相互沟通；坚持的精神，克服困难的勇气。

2. 基本要求

帮助学生理解移动技术的重要性，提高移动垫球的能力；初步学习并掌握助跑起跳技术，巩固挥臂技术，为学习完整扣球做准备；帮助学生掌握变向传、垫球技术和 6 人比赛的轮转换位方法；通过比赛等形式培养学生的判断取位意识和接应意识；培养学生在比赛中的对抗意识和能力；保持中等强度有氧运动；通过适当增加练习难度培养学生克服困难的勇气。

（二）第二学期

1. 教学内容

预判、决策类：判断取位意识，合理选择技术，技术衔接，接应意识。

球感、技术类：变向传球、垫球技术，连续对传球，传球技术与垫球技术的串联，完整扣球技术。

竞赛、游戏类：3 对 3 小场地比赛（3 次击球过网，允许接住球 1 次）；6 对 6 比赛（场内发球，3 ~4 次击球过网，允许接住球 1 次）；结合排球运动的特点进行各种分组接力比赛。

心智类：比赛中的小组战术；练习和比赛中的沟通与配合；团队协作意识，比赛取胜意识。

2. 基本要求

通过变换抛球高度及速度的练习，提高学生的时空判断能力；帮助学生熟练掌握助跑起跳、接发球垫球和挥臂击球技术；通过提高连续击球次数，提高学生传、垫球技术的熟练程度；通过 3 ~ 4 人一组的传、垫球练习，提高学生变向传、垫球的能力；通过增加比赛的来回球次数，培养和提高学生的串联意识和接应能力；培养学生团队合作精神。

三、学时分配

六年级各学期学时分配如表 2 – 16 所示。

表 2 – 16　六年级各学期学时分配

学期	教学内容				合计
	预判、决策类	球感、技术类	竞赛、游戏类	心智类	
第一学期	2	6	6	2	16
第二学期	2	6	6	2	16
合计	4	12	12	4	32

四、考核内容及成绩评定方法

（一）考核内容

考核内容包括：基本技术；学习态度及行为表现；情意表现与交往合作。

基本技术（60%）：两人对垫球，助跑起跳接球，两人对传球，扣抛球。

学习态度及行为表现（20%）：出勤情况，完成教师布置的课内外练习，主动参与学习和锻炼。

情意表现与交往合作（20%）：适宜的意志力，情绪的自我控制，合作精神，人际关系。

（二）成绩评定方法

1. 基本技术考核

采用技术评定与达标相结合的方式。

（1）技术考核内容及方法（表2－17）

表2－17　技术考核内容及方法

学期	考核内容	考核方法
第一学期	两人对垫球	学生2人一组，距离4米左右，连续垫球
	助跑起跳接球5次	教师在网前抛球，学生助跑起跳在最高点接住球
	助跑起跳技术动作规范	助跑起跳接球考核时进行技术评定
第二学期	两人对传球	学生2人一组，距离3米左右，连续传球
	跳起扣抛球	教师在网前抛球，学生助跑起跳（原地起跳）扣球过网
	扣球技术动作规范	跳起扣抛球考核时进行技术评定

（2）技术评分标准

①两人对垫球（第一学期）和两人对传球（第二学期），根据连续次数获得相应分数（表2－18），满分20分。

②助跑起跳接球，每球4分，满分20分。

③跳起扣抛球，每球4分，满分20分。

④助跑起跳技术动作规范（第一学期）和跳起扣球技术动作规范，满分均为20分，扣分标准如表2－19、表2－20所示。

表 2－18　两人对垫球、对传球达标成绩

连续次数	15	14	13	12	11	10	9	8	7	6	5	4	3	2	1
得分	20	19	18	17	16	15	14	13.5	13	12.5	12	10	8	6	4

表 2－19　助跑起跳技术动作规范评分标准（20 分）

技术环节	扣分因素	扣分值
步法顺序、步幅大小、助跑节奏正确（10 分）	左右脚步法顺序错误	2～4 分
	步幅先大后小	2～3 分
	助跑缺乏速度和节奏	1～3 分
缓冲角度合适（5 分）	屈膝缓冲不足	1～5 分
摆臂充分且与腿部蹬伸动作协调（5 分）	手臂没有充分引臂或摆动	1～2 分
	腿部蹬地和摆臂动作不协调	1～3 分

优秀：9 分及以上；良好：7.6～8.9 分；及格：6～7.5 分；不及格：5.9 分及以下。

表 2－20　跳起扣球技术动作规范评分标准（20 分）

技术环节	扣分因素	扣分值
助跑动作协调、节奏合适（5 分）	步法顺序、步幅大小和节奏不正确	1～2 分
	屈膝缓冲或摆臂不充分	1～2 分
	蹬腿和摆臂动作不协调	1 分
空中击球动作连贯协调、手法正确（7 分）	起跳和引臂动作不连贯	1～2 分
	空中挥臂动作不协调	1～2 分
	不在最高点击球	1 分
	手未包满球或没有主动屈腕动作	1～2 分
找到合适的起跳时间和起跳点（5 分）	起跳过早或过晚	1～3 分
	击球点偏前或偏后	1～2 分
落地动作正确（3 分）	落地不屈膝	1～2 分
	单脚落地	1 分

2. 学习态度及行为表现和情意表现与交往合作考核方法及评价标准

采用学生自评、组评和教师评价三方评价的方法，如表 2－21 所示。

表 2－21　“自评—组评—师评”评价表

序号	评价指标	评价等级														
		自评					组评					师评				
		优	良	中	劣	差	优	良	中	劣	差	优	良	中	劣	差
1	出勤情况															
2	完成教师布置的课内外练习															
3	主动参与学习和锻炼															
4	适宜的意志力															
5	情绪的自我控制															
6	合作精神															
7	人际关系															

评价方法：由学生完成自评和组评部分，再由教师完成师评
五个等级“优、良、中、劣、差”分别赋予分值 100、90、80、70、60
1～5 项内容自评、组评、师评的权重分别为 0.2、0.3、0.5
6～7 项内容自评、组评、师评的权重分别为 0.2、0.5、0.3
自评得分×权重＋组评得分×权重＋师评得分×权重＝最后得分
使用过程：该评价可安排在学期中或者学期末
第一步：自评，将评价表发放给学生，填写好相关内容及对自己的评价
第二步：组评，学生采取小组互评的形式，一个班级可通过随机抽样分成若干小组，要求小组成员都对其他学生按五个等级进行评价，然后遵循少数服从多数或者就高不就低的原则确定等级，最后由小组长在“组评”一栏中划出
第三步：师评，由任课教师对学生一学期的总体表现给出评价
序号 1～3 评价学习态度和行为表现，序号 4～7 评价情意表现与交往合作，分别求得平均分数

五、教学建议

①充分发挥班干部及教学小助手的作用，建立奖惩制度，加强课堂管理。但不必追求课堂的绝对安静和队伍整齐。

②在技术练习中贯穿战术意识，如合理选择技术，控制球到位，明确分工，加强呼应沟通，等等。

③合理安排练习密度，可多采用一些移动练习的手段，保持适宜的运动负荷，达到锻炼身体的目的。

④教学中可采用固定分组的方式，减少调组或调整队形，这样既增加练习密度，又便于课堂管理。

六、教学进度

六年级各学期教学进度如表 2－22、表 2－23 所示。

表 2－22　六年级第一学期教学进度

课次	教学内容	教学方式
1	各种原地抛接球，移动抛接球	单人练习，双人练习
2	单手抛接球，挥臂技术，自传球，自垫球	单人练习，双人练习
3	垫抛球，传抛球	双人练习，3 对 3 小场地比赛
4	学习助跑起跳，挥臂技术	单人练习，分组练习
5	助跑起跳，传抛球，垫抛球	分组练习
6	多人垫球，呼应、接应意识	分组练习，4 对 4 小场地比赛
7	接发球垫球，网前传球，技术衔接意识	分组练习，技术串联练习
8	垫抛球，传抛球	双人练习，分组比赛
9	垫抛球，对垫球	双人练习，6 对 6 比赛
10	助跑起跳，挥臂技术	分组练习

续表

课次	教学内容	教学方式
11	助跑起跳，挥臂技术，学习完整的扣球技术	分组练习
12	垫抛球，对垫球	双人练习，6 对 6 比赛
13	上手发球，接发球垫球	分组练习，分组比赛
14	对垫球，完整扣球	双人练习，分组练习
15	技术考核，比赛	技评与达标，6 对 6 比赛
16	技术考核，比赛	技评与达标，6 对 6 比赛

表 2-23　六年级第二学期教学进度

课次	教学内容	教学方式
1	各种原地抛接球，移动抛接球	单人练习，双人练习
2	单手抛接球，挥臂技术，自传球，自垫球	单人练习，双人练习
3	垫抛球，传抛球	双人练习，3 对 3 小场地比赛
4	助跑起跳，挥臂技术	分组练习
5	对垫球，传抛球，助跑起跳	双人练习
6	多人垫球、传球	分组练习，4 对 4 小场地比赛
7	助跑起跳，原地起跳扣球	分组练习
8	接发球垫球，网前传球	分组练习，技术串联练习
9	对垫球，传抛球，原地起跳扣球	双人练习，分组比赛
10	传抛球，对传球	双人练习，6 对 6 比赛
11	完整扣球，上手发球	分组练习
12	完整扣球，网前传球	分组练习
13	传抛球，对传球	双人练习，6 对 6 比赛
14	原地起跳扣球，助跑起跳扣球	分组练习，6 对 6 比赛
15	技术考核，比赛	技评与达标，6 对 6 比赛
16	技术考核，比赛	技评与达标，6 对 6 比赛

注：第二学期教学进度可以根据第一学期的教学情况进行适当调整。

第三章　小学阶段排球基本技术

排球基本技术分为有球技术和无球技术。有球技术包括发球、垫球、传球、扣球和拦网；无球技术包括准备姿势和步法移动等。

第一节　准备姿势和移动步法

一、准备姿势动作方法及要领

准备姿势是为了移动，要快速移动就必须做好准备姿势。

准备姿势按其身体重心高低可分稍蹲、半蹲和低蹲三种。其中半蹲运用最多，是教学主要内容。其动作为：两脚左右开立，比肩稍宽，前后开立距离半只脚。两脚尖朝前，脚后跟微抬起，屈膝屈髋，上体前倾，含胸收腹，重心落在前脚掌，肩的垂线超过膝关节，膝的垂线超过脚尖。两臂自然弯曲置于胸腹之间，抬头看球，随时准备移动。稍蹲、低蹲准备姿势与半蹲准备姿势基本相同，只是两膝与躯干弯曲程度小于或大于半蹲。（图 3－1）

图 3－1 准备姿势

二、准备姿势的教学步骤

（一）示范与讲解

教师先对教学动作进行完整的示范，然后边讲解边示范：脚的取位，身体姿势及重心的位置等。示范位置选择在队伍中间（小学人数较多）正前方做正面和侧面的示范。让学生从不同的角度观察两脚、两手及躯干的位置。侧面示范主要观察身体重心的变化。（图 3－2）

图 3－2　准备姿势教学的示范与讲解

（二）练习方法

1. 原地模仿准备姿势

练习目的：掌握一般准备姿势。

组织形式：教师站在队伍中间正前方，学生呈体操队形散开。

练习要求：练习注意保持合适的间距和正确的身体姿势。

2. 听信号做准备姿势

练习目的：提高学生的注意力和快速反应能力，熟练掌握准备姿势。

组织形式：体操队形或圆形（适合人数较少），当听到第一声哨声时，学生做原地小碎步练习；当听到第二声哨声时，学生做好准备姿势。

练习要求：学生听哨声做练习，动作要迅速、准确。

3. 2 人相互观摩

练习目的：2 人相互观摩，加快对准备姿势的理解。

组织形式：2 人面对面，相互模仿对方做准备姿势的动作。

练习要求：认真观察同伴的动作，相互学习，互相纠错。

（三）易犯错误及纠正方法

1. 两脚前后距离不当，两脚方向不当

纠正方法：用可量化的语言强调，如同肩宽、稍比肩宽等。用精确的语言强化，如脚尖朝前、脚尖内扣等。

2. 重心比较高，弯腰不弯腿

纠正方法：做蹲起练习，要求学生手触地，帮助学生体会屈膝下蹲，同时提高腿部力量。

（四）应注意的问题

①准备姿势教学时，教师要注意不同的示范面，提醒学生观察动作的主要方面，抓住动作的要领，帮助学生学会正确的身体姿势。

②强调准备姿势的重要性，准备姿势的学习较为枯燥，可结合信号安排一些动静结合的练习。

③学习准备姿势，同伴之间要注意保持一定距离，避免相互冲撞。

三、移动步法的动作方法及要领

（一）并步

并步主要用于近距离移动，如传球、垫球、拦网等技术，同时经常与跨步或其他倒地击球技术结合运用。

动作要领：两脚左右或前后站立，与肩同宽，两膝微屈，身体重心位于两脚之间，上体稍前倾，两臂放松。向右侧并步时，右脚向来球跨出一步，左脚迅速蹬地跟上，呈准备姿势。向左侧并步时运作相反。

（二）滑步

连续的并步即为滑步，主要用于短距离的移动。

动作要领：两脚平行站立，比肩稍宽。向左滑步时左脚先向左侧迈出一步，右脚同时迅速跟上做滑步。

（三）交叉步

交叉步主要用于体侧 2～3 米左右的来球，或二传手和拦网队员在网前移动及防守两侧来球时运用。

动作要领：两脚左右开立。向右侧做交叉步时，上体稍向右转，左脚从右脚前向右交叉迈出一步，然后右脚再向右侧方向跨出一大步，同时重心移至右脚，身体转向来球方向，保持击球前的准备姿势。

（四）跨步

当来球低、速度快、距离身体1米左右时运用跨步较多。跨步可以单独使用，也可以与滑步、交叉步、跑步的最后一步结合使用。

动作要领：两脚前后站立，跨步时，一腿用力蹬地，另一腿向来球方向跨出一大步，后脚随重心前移自然跟上，两手做好迎球动作。

（五）跑步

跑步经常与交叉步、跨步等结合使用。例如：向侧跑步时，常采用交叉步转身的方法起动；在接近球时，又常用跨步、倒地和各种跳跃动作来制动以完成击球动作。

动作要领：不要过早做出击球动作，以免影响跑步速度。球在侧方或后方时，应边看球边转身跑。

四、移动步法的教学步骤

（一）示范与讲解

在移动步法教学中，教师首先进行完整的示范，给学生完整的动作表象，然后边讲解边示范动作细节。小学生主要通过观察和模仿教师的示范动作进行学习。（图3－3）

图3－3　移动步法教学的示范与讲解

（二）练习方法

1. 基本移动步法

练习目的：初步掌握移动步法动作方法。

组织形式：听哨声，看教师手势（教师或可拿球向左、右各方向抛球）做移动动作，教师在队伍中或队伍前指挥。

练习要求：注意力要集中，明确向左或向右移动，避免学生相撞。

2. 反应移动

练习目的：提高学生的练习积极性及移动步法的运用能力。

组织形式：学生2人一组，面对面，听教师哨声开始练习，相互摸对方的后背，教师鸣哨停止练习，统计摸到的次数。也可降低重心，相互摸对方的脚。

练习要求：教师掌握好练习时间，不宜太长。保持组间足够的练习距离。

3. 结合场地移动

练习目的：培养球场意识。

组织形式：3名学生一排，2～3排学生在场地内同时练习，其他学生在端线外准备，也可以两边场地同时练习。学生面对球网，教师在网前指挥移动方向。

练习要求：提醒学生始终面对教师，移动制动时，左侧场地左脚在前，右侧场地右脚在前。若干次练习后学生交换场地。要求学生保持重心稳定。

4. 结合抛接球、传垫球移动

练习目的：提高移动步法的运用能力。

组织形式及练习要求见后面的相关练习方法。

（三）易犯错误及纠正方法

1. 起动慢，起动步法不正确

纠正方法：强调做好准备姿势，身体重心稍向前；专门练习不同方向的起动步法。

2. 移动步法运用不正确，步法变换不准确

纠正方法：分别熟练几种常用步法（滑步、交叉步、跨步），练习步法组合。

3. 移动后制动不好，取位不准确

纠正方法：从慢速移动到制动练习开始，明确制动的重要性，进行专门的制动练习。可以结合视觉信号进行制动、变向的练习。

4. 移动时身体重心起伏比较大

纠正方法：设定一个高度标志，让学生参照限定高度进行移动练习，或提醒学生移动时保持重心稳定。

（四）应注意的问题

①移动时注意控制身体的重心，避免影响击球质量。

②多利用视觉信号，结合球反复进行判断及起动练习。

③多采用对抗性、游戏性的练习方式增加学生对简单动作的兴趣，提高学习效果。

④移动练习，间距要充分，特别是结合视觉、听觉信号进行判断练习时，教师要考虑场地因素，使练习能够安全有序地进行。

⑤结合场地位置进行移动练习。

第二节 抛、接球技术

小学阶段直接学习排球基本技术有一定难度，容易产生受挫感，尤其是四、五年级学生初学排球技术时更是如此。抛、接球动作简单，易于掌握。抛、接球就是降低难度的排球技术方法，可以帮助学生形成排球运动的基本意识，如判断来球、移动找球、不能让球落地、控制抛（击）球的落点、在指定的击球点接住球，等等。要将排球比赛贯穿于整个小学阶段，抛、接球是让学生尽快学会、融入比赛的重要手段，因此此项内容被列入小学阶段排球技术学习的范围。

一、抛、接球技术动作方法及要领

抛球时双手托住球的底部，屈膝蓄力，蹬地将球抛出。注意在单人练习时垂直向上抛起，双人或多人练习时抛球轨迹呈抛物线。抛球时要有明确的目标意识，抛向指定的位置。

接球时做好准备姿势，判断球的落点，脚下迅速移动，待球落到胸腹之间时，双手五指张开，托球的底部，将球接住；也可在头上或跳起在空中，双手五指张开将球接住。

二、抛、接球的教学步骤

（一）示范与讲解

教师首先完整示范抛、接球运作，注意引导学生观察抛球动作方法及接球的位置。然后边讲解边示范缓慢地抛球、移动到接球位置。要分别示范并讲解在腹前、头上、跳起接球的方法。

以侧面示范为主，教师首先示范抛球动作方法及要领，然后示范接球动作方法及要领，请一名学生协助完成。

（二） 练习方法

1. 单人原地模仿抛、接球

练习目的：初步掌握抛、接球动作方法。

组织形式：每人 1 球，呈体操队形站立，教师在队伍前指挥。

练习要求：学生听哨声做练习，尽量垂直向上抛球，距离头上 1 米左右即可。练习时注意保持足够的距离。

2. 高抛接球

练习目的：进一步熟练动作方法，培养学生的判断能力。

组织形式：每人 1 球，呈体操队形或围成圈站立。

练习要求：学生听哨声做练习，尽量垂直向上抛球，向高抛球的同时尽量保证自己能够接到球。练习时注意保持足够的距离。

3. 高抛击掌接球

练习目的：培养学生观察球的习惯，判断球的意识，并能够把动作与球结合起来。

组织形式：每人 1 球，呈体操队形或围成圈站立。

练习要求：学生听哨声做练习，尽量垂直向上、向高抛球，然后快速击掌，同时保证自己能够在腹前的位置接到球。练习时注意保持足够的距离。

4. 移动接抛球

练习目的：进一步熟练移动步法，培养观察球的能力，并能根据对球的观察决策行动。

组织形式：2 人一组，一人定位抛球，另一人移动接球后抛回。为了增加练习难度和练习密度，在熟悉基本抛、接球后，可以用 2 个球进行练习。

练习要求：教师先对抛球的方法及要领进行示范和讲解。学生认真抛球，移动接球后将球传给抛球人。练习时保证有足够的空间。

5. 起跳抛、接球

练习目的：让学生体会起跳后空中将球接住，训练学生找准起跳时间与接球时间。

组织形式：2 人一组，相隔 3 米，一人定位抛球，另一人双脚起跳后在空中双手将球接住。

练习要求：学生听哨声做练习，抛球人尽量向上抛球，使同伴有足够时间准备起跳。练习时注意组间保持足够的距离。

6. 2 人或 3 人移动抛、接球

较低年级可以使用 1 个球，高年级可以使用 2 个球。

练习目的：让学生熟练抛接球动作，提高判断和反应能力，并能够选择和使用合理的移动步法。

组织形式：2 人或 3 人一组进行练习，2 人互相抛接球，3 人的练习可以按顺时针或逆时针方向抛接球。

练习要求：2 人或 3 人的双球练习，要同时抛球，建议每组有一个组长下口令，以保证练习的效果。

7. 结合场地抛、接球比赛

练习目的：让学生进一步熟悉动作方法，能够在比赛中结合移动步法做好抛、接球，培养移动判断能力和团队合作的意识，初步了解排球的比赛方法。

组织形式：3 对 3、4 对 4、5 对 5、6 对 6 结合场地隔网抛、接球。低年级人数少一些，互相配合的难度低一些；高年级可以安排 6 对 6 完整比赛，也可以地面画线模拟场地进行抛、接球比赛。

练习要求：抛、接球比赛时，直接由学生在场内所站位置抛球到对方场区进入比赛，比赛时听哨声，学习裁判手势。

（三）易犯错误及纠正方法

1. 抛球弧度小，抛出距离太远或太近

纠正方法：提醒学生双手托球的底部，屈膝蹬地，全身协调发力将球抛出，或放松、缓慢地抛球。提醒学生要瞄准目标进行抛球。

2. 接球移动速度慢

纠正方法：提醒学生做好准备姿势，提前判断，脚下灵活，随时准备移动接球。

3. 接球手型不正确

纠正方法：教师抛球，减少学生紧张感；近距离抛球，减缓速度；强调接球时五指张开，迎球缓冲，柔和地将球接住。

4. 接球时身体没有面向目标

纠正方法：教师要求学生移动后同侧脚要在异侧脚前面，面对来球，提前预判，随时做好接球准备；强调面向目标的重要性。

5. 对球的落点判断不准确

纠正方法：首先由教师抛固定位置的球，学生熟练后，教师再逐渐加大难度，在学生周围 1 米左右的范围进行抛球。

（四）应注意的问题

①在学习抛、接球时，学生没有脚下移动的意识，教师要提醒学生判断来球方向，提前移动找球。

②单人练习时，教师要强调垂直向上抛球。练习时保持安全间隔，避免受伤。

③学习双人抛、接球时，强调抛球的重要性，尽可能地抛好球，主动与同伴配合，培养团结协作意识。

④教师要注意观察学生的接球手型，及时纠正错误动作，以免受伤。

第三节　正面双手垫球技术

垫球是腕关节以上部位触球，借助蹬地、抬臂动作，以及来球的反弹力将球击出的技术动作。垫球在比赛中多用于接发球、接扣球和接对方打过来的第一次球，也可以用于第二次击球、第三次击球。垫球是比赛中争取多得分、少失分，由被动变主动的重要技术。

一、正面双手垫球技术动作方法及要领

（一）准备姿势

初学垫球时，可采用半蹲准备姿势。含胸收腹，两臂微屈自然下垂，两手置于腹前。两眼注视来球，两脚要保持“动中待动”的状态，随时准备移动。（图3－4）

图3－4　准备姿势

学习接扣球时，则需要采用深蹲准备姿势，便于手臂插到球的底部。比赛中应根据不同情况采用相应的准备姿势。

（二）击球手型

两手掌根紧靠，两手手指重叠后合掌互握，两拇指平行；手腕下压，手臂伸直夹紧，两前臂外翻形成一个平面。（图3－5）

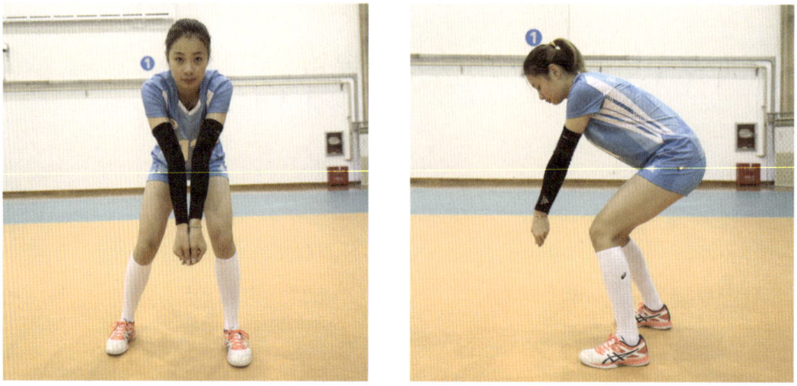

图 3－5　击球手型

（三）击球点、击球部位

图 3－6　击球部位

正面双手垫球的击球点一般应保持在腰腹前的一臂距离，用两前臂腕关节以上 10 厘米左右桡骨内侧平面击球。击球部位过高，既不便于控制球，也易造成“持球”或“连击”犯规；击球部位过低，垫在虎口上，球垫不稳，不能准确控制垫球力量和方向。（图 3－6）

（四）击球动作与发力

移动取位的同时，将手臂迅速插入球的底部。击球时蹬腿，重心随之前移，手臂伸直夹紧，压腕稍抬臂，全身协调发力迎向来球，用前臂正确的击球部位将球垫出。垫击瞬间，两臂保持平稳固定，身体重心和两臂要有自然的随球伴送动作，以便控制球的落点和方向。（图 3－7）

如果来球的力量小或垫球距离远，垫球时必须加上抬臂动作，给球以反击力；如果来球的力量大或垫球距离近，则需控制抬臂动作，靠身体动作及球的反弹力垫球；当来球力量很大时，手臂需顺势后撤，加上含胸收腹的协调动作，将球缓冲垫出。一般来说，垫球的用力大小与来球的力量成反比，与垫出球的距离成正比。

图3－7 正面双手垫球技术

（五）手臂角度

手臂角度对控制垫球的方向、弧度和落点影响很大。根据入射角等于反射角原理，垫球时手臂角度应注意：

第一，垫出球弧度高时，手臂的角度（与身体所成夹角）应大一些；垫出球弧度低时，手臂的角度应小一些。

第二，垫球距离目标远时，手臂角度应小一些；垫球距离目标近时，手臂角度应大一些，将球垫高。

第三，来球弧度低平时，垫球手臂角度要小；来球弧度高时，垫球手臂角度要稍大。

二、正面双手垫球技术的教学步骤

（一）示范与讲解

首先教师要进行完整的动作示范，然后做分解动作示范并配合讲解：手臂动作，包括手型、压腕、手臂触球部位；身体动作，包括含胸收腹的身体姿势、蹬腿、跟重心、提肩等发力动作。

侧面示范（图3－8），让学生观察全身动作、身体姿势、各关节角度，重点是手臂与躯干的夹角以及击球点、蹬腿发力等动作。

正面示范（图3－9），让学生观察脚的位置、手型、手臂垫球的部位等。

图3－8　垫球教学的示范与讲解（侧面示范）

图3－9　垫球教学的示范与讲解（正面示范）

（二）练习方法

1. 徒手模仿完整垫球动作

练习目的：建立正确完整的动作概念，初步掌握动作方法。

组织形式：学生呈体操队形站立，按照动作方法要领，让学生做原地徒手模仿练习。教师领做，然后进行巡视纠错。

练习要求：首先让学生模仿教师动作进行练习，然后按教师统一口令进行练习，使学生熟练掌握动作，强调两脚取位合理；以腿部屈伸为主的全身协调动作，可以结合移动步法练习，移动后制动站稳再做垫球动作。

2. 手臂垫球部位找球

练习目的：体会手臂击球的部位，加深对击球部位的印象。

组织形式：学生呈体操队形站立，每人 1 球，将球垂直抛起，高于头部，抛球后屈膝屈髋，手臂伸直夹紧抬到肩的高度，用手臂击球的方法去迎接下落的球，待球弹起后接住。重复做一定次数。

练习要求：练习时保持足够的间距。提醒学生主动找球，注意屈膝屈髋动作和伸臂位置。

3. 被动垫固定球

练习目的：体会触球及手臂击球部位的感觉。

组织形式：学生呈体操队形站立，2 人一组，一人准备好原地垫球动作，另一人在垫球者的手臂触球部位上方，双手持球高举，松手球下落触及练习者的前臂垫球部位。垫球者保持正确的垫球姿势。两人交替练习。低年级学生由教师持球帮助学生体会触球感觉。

练习要求：教师要示范持球松手下落的方法，强调瞄准练习者的垫球触球部位。

4. 主动垫固定球

练习目的：巩固正确的垫球动作，体会击球点，学习找准手臂触球部位。

组织形式：学生呈体操队形站立，2 人一组，一人双手持球于腹前，另一人上一步做垫球动作，用正确的击球部位去垫球，练习若干次后两人交换。

练习要求：教师分别示范持球位置和上步垫球；强调练习者上步垫球后，退回原位再做下一次练习；教师随时纠正学生的身体姿势；要求学生适当降低重心，手臂插到球的底部，用全身协调动作完成每一次垫球；持球者可以适当给一些压力，让垫球者更好地体会手臂触球部位；教师提示两人相互纠正错误动作。

5. 垫抛球

练习目的：学习主动迎球、完整垫球动作，提高对来球的判断能力。

组织形式：2 人一组，距离 3 米左右，1 抛 1 垫，可以逐步增加距离，练习若干次后两人交换。

练习要求：教师示范抛球方法及要求，并对垫球高度和弧度进行示范；抛球尽量准确到位；垫球人要积极找球，主动迎球，找准手臂垫球部位和击球点，全身协调发力；垫球高度、弧度适中。

6. 移动垫抛球

练习目的：提高移动找球的能力；结合球网，培养垫球到位的意识，提高控制球的能力。

组织形式：2 人一组，1 人抛球，1 人移动后垫球，移动范围 1 米左右，练习若干次后两人交换。

可以结合场地，将学生分为 4 组，分别在两个半场的 1 号位、5 号位区域练习，即后排右和后排左的位置。每组 1 人在网前抛球，其他人在练习区准备轮流垫球。先练习向前移动垫球，再练习左右移动垫球。每人抛球一轮后交换。

练习要求：该练习的难点是抛球，教师要示范讲解抛球方法及要求，练习中巡视各组，遇到抛球不佳的组由教师抛球。垫球尽量垫到抛球人手中，高度适中。抛球学生要评价反馈垫球效果，帮助同伴更好地改进动作。

7. 2 人对垫球

练习目的：提高判断、移动能力，提高垫球准确性和稳定性。

组织形式：2 人相距 4 ~ 5 米，连续对垫球。可以更好地结合场地进行练习，即 1 人站网前、1 人站后场进行练习。

练习要求：保证足够的练习空间；先不要求连续垫球的次数，提醒学生来球不好时可接住球重新开始；提醒并控制两人的练习距离，以便控制垫球力量及手臂角度；坚持用正确的动作垫球，随时准备移动，动作放松，垫球高度和弧度适中。

8. 巩固和熟练垫球技术

（1）原地连续自垫球

练习目的：找准手臂的触球部位，体会球的反弹和垫球时下肢动作，提高控制球的能力。

组织形式：每人 1 球，全场散开练习。原地向上连续垫球，高度可规定为 1 米或2米，学生一高一低垫球，增加练习的兴趣。可规定时间练习，比谁的球落地次数少；或规定次数练习，比谁的中断次数少；或规定1次、2次机会，比谁的连续垫球次数多。

练习要求：保证足够的练习空间，人多时可以分组进行练习；根据学生对技术运作的掌握情况，增加定时定量的比赛，以掌握正确动作为主，提高熟练程度；教师随时纠正学生抬臂过大、发力不协调等错误动作；要求学生保持手臂的水平面，注意下肢的屈伸动作，垫球时的移动范围尽量控制在1．5米左右区域。

（2）对墙连续垫球

练习目的：学习变换手臂角度垫球，体会不同发力对垫球反弹的影响，提高控球能力。

组织形式：每人1球，或2～3人1球轮流练习，距墙2米左右，连续对墙垫球，低年级达到3次左右，高年级达到7次左右，随着熟练程度的提高，连续垫球次数也相应增多。由规定连续垫球次数到逐步固定垫球高度，要求学生要有意识地去控制球。

练习要求：教师重点示范手臂角度与下肢屈伸发力动作，练习过程中反复强调手臂角度尽量固定，靠蹬腿发力将球垫出；要求学生动作要放松，用力要适当，注意体会发力大小与球反弹的关系，尽可能地控制用力。

（3）对垫落地反弹球比赛

练习目的：通过降低练习的难度增加移动的时间，强化动作，提高垫球稳定性。

组织形式：3对3、4对4等分组形式，隔网相距6～8米，待球落地弹起后再垫球，垫球后排到队尾，准备下一次垫球，不间断地连续进行。

练习要求：组间保持练习间距；教师反复强调找好球，蹬腿动作要充分，适当增加抬臂动作，垫球弧度稍高；要求学生认真做好每一次击球动作，后面的同学给垫球的同学留出足够的移动空间，控制好垫球的落点，以保证练习的连续进行。

（4）3 人三角垫球（分组多人围圈垫球）

练习目的：提高变向垫球的能力，培养控制击球目标、接应同伴、沟通呼应等意识。

组织形式：3 人一组（或多人），站成角形或圆形，用一球连续垫球，顺时针垫球若干次，逆时针垫球若干次，或不规定路线，由学生自行决定将球垫给谁。

练习要求：保证足够的练习空间；及时纠正错误动作；强调腿和腰的动作；要求学生明确垫球目标，放慢练习节奏；垫球高度合适，随时准备移动接应同伴不到位的球。

9. 学习接发球垫球

（1）1 发 1 垫

练习目的：提高判断球的意识和能力；学习快速移动取位。

组织形式：2 人一组，相距 6 米左右，逐渐增加练习距离，与网平行站立，1 发 1 垫，用下手发球进行练习，5 年级及以上可尝试使用上手发球进行练习，以增加接发球难度。10 次发球后，两人交换角色练习。

练习要求：保证足够的练习空间，注意用球安全，提醒学生注意其他组学生发过来的球；要求学生对准同伴发球，垫球人及时判断移动取位，争取正面垫球，垫球弧度适中，且落点在两人中间。

（2）对墙自发自垫球

练习目的：提高判断和正确取位的能力；学习垫弧度较平的来球。

组织形式：每人 1 球，或多人一组，轮流练习。距墙 5 ~ 6 米，对墙发球后垫反弹球。反复练习。

练习要求：教师要提醒学生首先把球发好，保持好练习的距离。要求学生采用中等以下力量发球，发球后迅速变为垫球的准备姿势，判断来球，及时移动，保持最佳垫球位置，将球垫到墙上，高度适中。

（3）隔网接发球垫球

练习目的：结合场地，培养学生的比赛意识；提高判断能力；培养垫球到位的能力。

组织形式：将学生分为 2 组，在两个半场进行练习。各组 1 名学生到另一个半场的 3 米线处进行下手发球，发 6 ~ 8 次后两组交换练习；另一名学生在网前接住垫球，抛给发球学生，其他学生成一路纵队轮流接发球。教师可轮流带一个组进行练习，并讲评接发球动作和练习效果。

练习要求：教师示范发球并提出要求，提醒后面同学给接发球的同学留出足够的移动空间，提醒等待练习的学生主动捡球给发球的同学，注意用球安全。要求学生集中注意力判断来球，积极移动取位，尽量不让球落地，将球垫到网前。

10. 学习接扣球垫球

练习目的：掌握垫扣球的动作方法，增加垫扣球的信心。

组织形式：教师扣球，将学生分为 2 组，一组接扣球，另一组捡球、观摩。每人轮流练习 3 次后换另一组练习。高年级学生可以尝试 2 人一组练习，一人原地自抛扣球，另一人接扣球。

练习要求：教师尽量扣准球，并打出上旋球，保证学生能接到球；教师可以逐步增加扣球力量，以提高难度；学生要大胆接球，不闭眼；学生要瞄准同伴的脚进行扣球。

（三）易犯错误及纠正方法

1. 身体重心过高

纠正方法：提醒学生做好准备姿势，降低重心。两脚左右分开，稍比肩宽。

2. 两手臂并不拢，垫球部位不准确

纠正方法：提醒学生手臂尽量靠近，保证两臂中间不漏球。多练习垫固定球。

3. 击球时身体后坐或下蹲，发力不协调

纠正方法：教师用口令指挥学生做准备姿势和击球动作，教师在学生身后给予助力，帮助学生体会重心跟随垫球动作。

4. 动作紧张，用力过猛

纠正方法：可采用连续自垫或对墙自垫改进动作。

5. 手臂角度不佳

纠正方法：练习交叉垫近距离和远距离的来球，学习调整手臂角度。

6. 屈肘垫球或手臂上撩，抬臂过高

纠正方法：提醒学生手腕下压，积极后退移动，把球保持在腹前高度。安排学生练习稍远距离的垫球。

7. 害怕来球

纠正方法：导入游戏让学生熟悉球性，通过自垫球或教师抛定点球学生逐渐掌握正面双手垫球技术，引导学生观察球的运动轨迹并判断落点，迅速移动到位。

（四）应注意的问题

①初学垫球技术时会导致学生手臂疼痛，造成其动作紧张，甚至产生恐惧心理，影响其对正确垫球动作的掌握。教师要提前告诉学生做好心理准备，鼓励学生迎难而上，克服恐惧心理。垫球时手臂要放松，尽量用正确的动作垫球。初学时亦可选用气排球。

②前臂击球是教学的难点。初学时，学生很难找准击球部位，选用弹力绷带粘贴在正确的击球部位，可以适当减轻疼痛。可采用向前移动垫球、自垫球等练习帮助学生找准击球部位，逐步形成正确的垫球动作。

③垫球技术的发力环节主要在腿部和腰部，但容易形成抬臂发力的错误动作。教师要提醒学生只有用蹬腿、跟重心的动作发力，适当加抬臂动作，才能使手臂形成平面，保持正确的垫球运作。

④垫球主要用于接发球和接扣球。教学时要让学生了解不同技术运用时的区别，并尽可能地结合不同来球练习垫球技术，形成动力定型。

第四节　正面双手传球技术

传球是在胸部及以上部位用双手（或单手）借助蹬地、伸臂动作，通过手腕、手指的弹击力量来完成的击球技术动作。正面双手传球是最基本的传球方法，运用最为广泛，只有掌握正面双手传球技术，才能进一步掌握和运用其他各种传球技术。

一、正面双手传球技术的动作方法及要领

（一）准备姿势

两脚左右开立，与肩同宽。一脚在前，后脚跟稍提起，两膝微屈，身体稍前倾；两臂屈肘抬起，肘部下垂，两手自然张开成半球形，置于额前上方。（图 3－10）

图 3－10　准备姿势

（二）击球点

传球时，为了观察来球情况及传球目标，便于对准来球和控制传球方向及落点，击球点应在额前上方约一球距离处。如击球点过高或过低，都可能影响传球手型及发力，并影响传球弧度和距离。（图 3－11）

图 3 – 11　击球点

（三）手型及触球部位

传球时，五指自然张开，掌心斜相对，成半球形，拇指尖相对成“一”字形，手腕稍后仰。传球时，以拇指的指腹和内侧触及球的下部或中下部；食指全部和中指的二、三指节触及球的后部；无名指和小指触及球的两侧。（图 3 – 12）

图 3－12　传球手型

（四）传球动作和用力

当来球接近额前上方时，开始蹬地、伸臂、两手张开向前上方迎击球，球触手的瞬间，手腕稍后仰，缓冲来球的速度和力量，手指和手腕保持适度紧张。传球时，以蹬地、伸臂和手指、手腕协调用力将球传出。拇指、食指、中指发力，无名指和小指协助控制传球方向。（图 3－13）

图 3－13　传球技术

二、正面双手传球技术的教学步骤

（一）示范与讲解

教师首先进行完整动作的示范，然后进行分解动作示范，包括传球手型，击球点，传球时伸臂和手指、手腕的动作，下肢伸展的协调配合动作，迎球，移动找球等。

示范位置：可以在队伍中示范，也可在队伍前示范，同正面双手垫球示范位置。示范时正面、侧面及背面相结合，教师要提醒学生不同的示范面观察的重点不同。

侧面示范：观察传球的身体姿势，传球时的击球点，手腕的缓冲动作，身体各部位的伸展动作和用力的方法；球的飞行弧度、落点等。

正面示范：观察传球时的肘关节和手臂的位置，击球时的手型，手指的触球部位等。

背面示范：观察传球手型，手与球的吻合，击球点等。

讲解动作简明扼要，按照手型、击球点、用力这一顺序逐一进行讲解。

教师应在网前进行正面双手传球技术的讲解与示范。（图 3－14）

图 3－14　网前正面双手传球教学的示范与讲解

（二）练习方法

1. 徒手模仿传球

练习目的：初步体会传球的完整动作，包括手型、全身协调的发力顺序等。

组织形式：学生呈体操队形站立，全体同学做好准备姿势，摆好传球手型，蹬地、伸臂，模仿传球动作，领悟动作过程。教师巡视，纠错。

练习要求：保证每个学生的练习空间，先进行手型的模仿练习，再进行全身动作的模仿练习，以保证学生能集中注意力在一个动作上；强调伸臂传球后手型不变，要求全身动作协调连贯。

2. 传固定球

练习目的：进一步巩固传球的手型和击球点，重点体会手指的触球部位和全身协调发力。

组织形式：2 人一组（身高相近的 2 人），一人持球按照传球的手型和击球点，摆在额前，另一人用单手压球协助练习。练习者用传球动作向上传送球，体会手指的触球部位和全身协调发力，练习一定次数后 2 人交换。

练习要求：教师反复强调并及时纠正学生手指的触球部位、身体的基本姿势以及全身的协调发力。压球的学生适当用力，以便传球的学生能更好地将手指打开，体会手指的触球部位，保持正确的传球姿势。

3. 自抛托住球

练习目的：进一步固定手型，体会迎球动作，学习调整步法，找准击球点。

组织形式：每人 1 球，或两人轮流练习，自己将球向上抛起，用正确的传球手型在额前上方把球托住。

练习要求：先示范讲解抛球方法，抛球不到位时如何移动找球；强调托球时掌心不触球，不可用手指去抓球，让球自然落在手上，自然弹起；要求学生抛好球，移动找准接球点，等球落在合适的击球点上；同学间相互纠正动作。

4. 自抛传球

练习目的：重点体会手指、手腕发力，其次是手臂和腿的发力；巩固正确的传球手型。

组织形式：2 人一组，相距 3 米，自抛后将球传给同伴，同伴接住球后进行同样的练习，或者对墙自抛传球。近距离练习体会手指、手腕的发力，中远距离练习体会全身的协调发力，练习的目的不同选择的距离也应不同。

练习要求：教师要示范练习方法以及传球的弧度；练习时两人保持一定的距离，随时提醒学生传球的弧度要适中；及时纠正传球手型、击球点和发力的错误动作，讲解击球点与传球弧度的关系；学生保持规定的距离进行练习，注意体会发力动作，相互纠正错误动作。

5. 传抛球

练习目的：体会连贯的迎球和击球动作，初步掌握完整的传球动作。

组织形式：

（1）2 人一组，相距 3 米左右。1 人抛球，1 人传球。8 ~ 10 次后交换练习。

（2）可以安排 1 人抛球，1 人移动传球的练习，为连续传球做准备。移动范围在 1 米左右。

（3）可以安排 3 ~ 4 人传抛球，顺时针轮流传抛球，逆时针轮流传抛球，学习变向传球。

练习要求：教师首先讲解抛球的重要性以及抛球的弧度和距离，示范抛球的方法，然后示范如何迎球、传球；安排好学生练习的间距；教师可带领抛球有困难的学生练习，要求学生认真抛球，练习时保持适当的距离，相互提醒传球的弧度，注意全身协调发力。

6. 2 人连续对传球

练习目的：学习移动找球；逐步提高技术的熟练程度，培养配合意识。

组织形式：2 人一组，平行于球网，相距 3 米左右，连续对传球。不计连续的次数，传球到位时接住重新开始。

练习要求：若个别组学生不能完成连续传球，教师要带领学生练习，提高学生的自信心和练习兴趣；教师合理安排分组，或者是以好带差，或者同水平分组，练习难度区别对待；控制两人的传球距离，传球弧度要适中；相互鼓励，相互弥补。

7. 3 人连续三角传球

练习目的：巩固变向传垫球技术，提高正面双手传球的运用能力。

组织形式：3 人一组，连续传球，顺时针、逆时针方向轮流练习。从不计连续次数到要求一定的连续次数，再到组间比赛连续次数。

练习要求：在基本掌握变向传球技术后采用此练习方法，强调传球的高度和弧度要适中，及时移动找好击球点。

8. 分组围圈多人传球

练习目的：提高变向传球的能力，培养控制击球目标、接应同伴、沟通呼应等意识。

组织形式：将学生分为6人一组，用一球连续传球，顺时针传若干次，逆时针传若干次，之后不规定路线，由学生自由分配将球传给谁。可以进行组间比赛，看哪组连续传球次数多。

练习要求：保证足够的练习空间，强调下肢的蹬伸动作与手臂的配合，传球高度适中，明确传球目标，随时准备移动接应同伴不到位的传球。

9. 网前二传技术练习（适用于高年级有基础的学生）

（1）网前自抛传球

练习目的：体会在网前传球，对照球网检验传球的高度，控制球的方向。

组织形式：将学生分为4组，球网两侧各两组。学生成二路纵队垂直于网站在3号位3米线后准备练习，练习的同学站在网前3号位，自抛传球，一组向4号位传球，另一组向2号位传球。每人传5次左右，球网同侧的两组交换位置进行传球练习。

练习要求：教师在示范练习方法时要强调传球弧度、离网的距离以及落点的位置；练习中教师要巡视，对学生的练习效果进行讲评，要求学生认真练习，体会传球动作与传球效果的关系，及时调整动作。

（2）网前传抛球

练习目的：体会在网前迎球、传球，对照球网检验传球效果，控制球的高度和距离。

组织形式：同上分组，每组一名学生在网前边线附近抛球，其他人轮流从3号位向2号位或从3号位向4号位传球。每人抛5次球交换。球网同侧的两组交换位置进行练习。

然后过渡到抛球学生下撤到3米线附近抛球，网前练习的学生需要迎球并变向传球。

练习要求：教师示范抛球的方法及要求，示范并讲解传球到位的标准，要求抛球的学生对每一次传球给予评价；要求传球学生移动找好击球点，主动控制传球的弧度和落点。

（3）网前传垫起的球

练习目的：培养运用二传技术的意识，提高传球的接应意识和能力。

组织形式：将学生分为 3 组，第一组学生在中后场垫球，第二组学生在网前准备传球，第三组学生接球或捡球，教师隔网抛球给垫球的学生，每人轮流垫 5 次后，3 组轮换练习。

练习要求：抛球到垫球学生的手上，弧度适中，降低练习难度；教师重点指导二传学生接应垫球并完成传球，若垫起的球确实无法传，指导学生积极移动将球接住，再自抛传球到位；要求学生认真完成每一个位置的练习，判断取位，积极移动，努力击球到位，为下一环节创造条件。

（三） 易犯错误及纠正方法

1. 击球点过高、过低，偏前、偏后或偏左、偏右

纠正方法：①教师抛球进行传球练习，降低找球的难度；②自抛头顶球，2 人一组，一人抛球一人头顶球，只要额头能找到球，传球就能保持正确的击球点；③结合球进行判断移动练习，提高移动找球能力。

2. 手型不正确，大拇指朝前，两手分得太开或一高一低

纠正方法：①近距离（贴近）对墙传球，固定手型；②传足球或实心球，固定手型；③进一步示范讲解动作要领，进行徒手模仿练习；④多做原地传球练习，固定手型后再安排移动传球练习。

3. 身体动作不协调或传球动作不充分

纠正方法：①教师用口令指导学生完成动作，并教会学生自己心里默念：“1”找球，“2”弯腿，“3”蹬伸击球；②教师在学生身后给予助力，帮助学生传球时完成蹬伸动作；③对墙或 2 人一组，自抛后传远距离球，充分蹬伸。

4. 传球时伸手过早或过晚

纠正方法：①进行自传球或对墙传球练习，教师给予节奏提示，体会出手的时间；②自传一个高球一个低球，体会不同的出手时机；③用重量稍重的小足球代替排球进行练习。

5. 传球距离、高度不够

纠正方法：

针对手腕和手指缺乏力量：①多做手指屈伸练习，增加手指力量；②传实心球或足球，增加手指、手腕力量；③对墙做指卧撑，增加手指、手腕力量。

针对发力不协调，见“错误动作3”。

针对击球点低，见“错误动作1”。

（四）应注意的问题

①传球的手型是教学的难点，不正确的手型容易造成手指戳伤。教学时要控制练习距离，保证学生手指、手腕适度紧张就能完成传球动作。定型后再逐渐增加距离。

②传球技术动作比较细腻，击球点必须在额前上方，运用在比赛的中间环节，对其准确性要求比较高，因此比垫球技术更难运用。教学中教师要多鼓励，但不强求，允许学生选择垫球技术代替传球技术。根据学生的掌握程度，安排丰富的传球练习方法，提高学生练习兴趣和传球的适应能力。

③教学中要及时发现传球技术动作掌握较好的学生，提前进行培养，为后面的扣球教学和比赛做好准备。在扣球练习、串联练习以及比赛中，对有意担任二传的学生多鼓励，给予更多的机会。

第五节　发球技术

发球是排球比赛的开始，是在端线后由自己抛球，用一只手将球从球网的标志杆内击入对方场区的技术动作。

一、发球技术的动作方法及要领

（一）正面下手发球

正面下手发球动作较简单、容易掌握、失误少、准确性高，适合初学者。以右手发球为例（图3－15）。

图3－15　正面下手发球

1. 准备姿势

面对球网站立，两脚前后开立，左脚在前，两膝稍弯曲，上体前倾，左手持球于腹前下方。

2. 抛球引臂

左手将球平稳地抛在腹前右侧，离手高度 30 厘米左右。在抛球的同时，右臂伸直向后下方引臂。重心由左脚后移到右脚。

3. 挥臂击球

右脚蹬地，右臂伸直，以肩关节为轴，贴近身体，由后向前挥臂摆动，身体重心随之前移，在体前右侧以掌根（全手掌或半握拳）击球的后下方，击球后手臂突停。身体随着击出的球进场地。

（二）正面上手发球

学生面对球网站位，便于观察对方，易于控制落点，准确性较大，能充分地利用收腹力量带动手臂迅速挥动去击球，使发出的球力量大、速度快、弧线平。由于手腕和手掌的明显向前推压，发出的球呈上旋飞行，不易出界，同时也能增加发球的攻击性。

以右手发球为例（图 3－16）。

1. 准备姿势

学生面对球网，两脚前后自然开立，左脚在前，且重心在左脚，左手持球在腹前，右手自然在体侧。

2. 抛球引臂

左手将球平稳抛至头前上方，高度适中。在抛球的同时，右臂屈肘抬起并后引，肘关节与肩部齐平，手掌自然张开，呈勺形，上体稍向右侧转动，抬头，挺胸，展腹，身体重心移至右脚。

3. 挥臂击球

击球时，两脚蹬地，上体迅速向左转动，收腹，带动右臂向头上方加速挥动，身体重心前移至左脚。以全手掌击球的中下部。击球时，手臂要充分伸直，手掌和手腕要迅速明显做推压动作，使球呈上旋向前飞行。击球后随球进入场地。击球手型亦可采用半握拳。

图 3－16 正面上手发球

二、发球技术的教学步骤

发球技术的教学无论是下手发球，还是上手发球，教学步骤大同小异，练习方法相似。

（一）示范与讲解

教师在发球区进行完整的动作示范，以发球手一侧对学生。分解示范讲解时强调抛球的重要性，抛球的手法，明确抛球的位置。动作示范并讲解抛球与引臂的配合、挥臂轨迹、发力顺序、击球手法、击球部位等。（图 3 – 17）

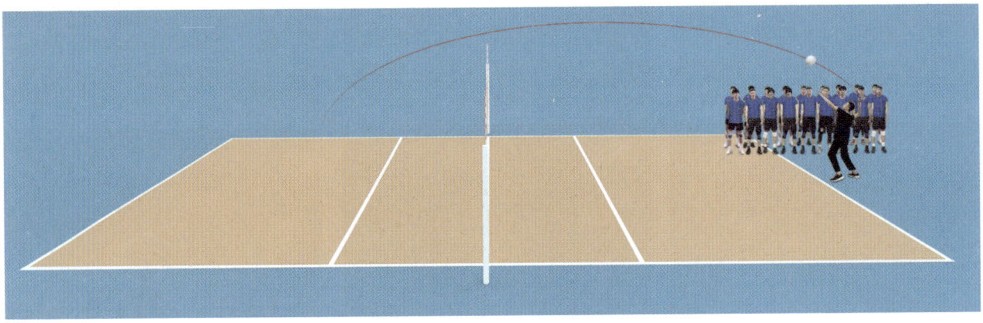

图 3 – 17　发球技术教学的示范与讲解

（二）练习方法

1. 上手和下手发球的抛球

练习目的：掌握正确的抛球方法，养成认真抛球的习惯，明确不同发球技术的抛球位置。

组织形式：学生呈体操队形站立，每人 1 球，抛球手持球向上垂直抛起，并落在指定的位置。

练习要求：上手发球要将球垂直抛于头上方，高于头 1 米以上（正面下手发球要将球抛在腹前，离手 30 厘米左右）；反复强调认真抛球，巡视督查学生的抛球高度和人、球关系，并及时纠错；要求学生抛球手法正确，每次抛球的方位、高度尽量一致。

2. 击打固定球

练习目的：掌握击球手臂的引臂、挥臂、击球的协调动作，体会手的击球部位。

组织形式：学生 2 人一组，用 1 球，一人双手持球置于击球高度，另一人练习引臂、挥臂击球动作。下手发球教学时可以自己持球练习。

练习要求：一组练习的次数不宜过多，3 ~ 5 次为宜，可交换做 2 ~ 3 组；练习中教师不断提醒正确的挥臂动作和击球手法；要求学生持球的高度、距离要合适；相互检验挥臂动作、击球手法和击球部位是否正确。

3. 近距离发球

练习目的：初步掌握发球的完整动作，体会将球击出的感觉。

组织形式：学生 2 人一组，平行于网站立，面对面发球，距离 6 米左右。

练习要求：明确发球的高度，提醒正确的发球用力，要求学生抛球、引臂、挥臂击球动作连贯协调，用力适当。

4. 结合球网不同距离发球

练习目的：进一步巩固正确动作，增强对发球力量的感知和控制能力。

组织形式：将学生分为若干组（每组 5 名学生），平均安排在场地两边；先在 3 米线附近发球，然后视练习情况逐步增加距离；听教师鸣哨统一进行练习，半场各组练习完后，另外半场的学生进行练习；练习的学生每人一球，不同的距离练习若干次。（图 3 – 18）

练习要求：场地两边有学生时，不练习的学生站在端线后面捡球并等待练习；教师提醒学生，根据发球距离调整用力大小和击出球的角度；观察每组学生动作的正确性和连贯性。

图 3－18　隔网不同距离发球练习

5. 端线发球

练习目的：掌握完整的发球技术，熟练技术动作。

组织形式：把学生安排在场地两边端线处，学生按照自己的节奏进行发球练习。教师巡视观察，个别纠正动作。

练习要求：对于不同能力的学生安排不同的发球距离。教师重点帮助能力稍差的学生，让其体会发球过网，增强其发球信心。

（三）易犯错误及纠正方法

1. 正面下手发球

（1）抛球不到位，只用手腕抛球，用力不均

纠正方法：进一步明确动作概念；徒手练习抛球和引臂的协同动作；抛轻的实心球。

（2）曲肘击球

纠正方法：进一步明确动作概念；多做徒手模仿练习；发球距离网近一些。

（3）发球过高

纠正方法：提醒学生降低抛球的高度；徒手练习抛球与引臂的协同动作；近距离发球，降低学生的紧张度，控制发球用力；提醒学生，挥臂击球后手臂突停不随挥。

（4）挥臂轨迹偏离

纠正方法：进行徒手挥臂练习，提醒学生引臂时手臂贴近身体，控制轨迹，而不是随意外展或向身后引臂。

（5）击球不准

纠正方法：引导学生多做抛球—击球（不用将球击出）的练习，同时，体会手部触球的部位，提醒学生发球时主动用正确的部位去击球。

2. 正面上手发球

（1）抛球屈腕，抛球不稳定

纠正方法：抛扁平物体，使之不旋转；反复做平托上送的抛球动作，建立正确的动作概念。

（2）抛球高度、位置不准确

纠正方法：设置固定的目标，对准目标反复做抛球练习。

（3）挥臂轨迹不正确

纠正方法：反复进行徒手挥臂练习，建立正确的动作概念；近距离对墙或隔网发球，使学生不急于发力，保持正确的挥臂动作。

（4）击球不准确

纠正方法：挥臂轨迹不固定时，则练习徒手挥臂；手未包满球时，则练习近距离发球，体会手包满球，打出上旋转；击球不准时，则提醒学生发球时眼睛盯住击球部位，设立发球目标让学生瞄准目标进行练习。

（四）应注意的问题

①抛球是发球的重要环节，由于动作比较简单，容易被学生忽视，导致抛球不稳定。教师在教学中要强调抛球的重要性。

②抛球动作虽简单，但教师也要清晰地示范并讲解动作方法。进行抛球练习时一定要明确抛球的目标，不能让学生随意抛球。

③发球技术教学时，一定要结合球网，首先让学生体会发球过网，其次是体会发球距离。

④发球技术不仅仅是手臂动作，脚下的支撑、腰腹力量更加重要。教学时应适当增加腰腹力量练习，重视学生击球时支撑腿的动作。

⑤练习发球技术时，不会受到同伴影响，因此需要个人自觉进行练习，要有数量要求，或者采用竞赛的方法，提高学生的注意力。

第六节　扣球技术

扣球是攻手跳起在空中用一只手臂作鞭打动作，用手将本方场区上空的球，从两标志杆内的球网上空击入对方场区的技术动作。正面扣球是扣球中的一种基本方法。正面扣球面对球网，便于观察，准确性较高，运动员可观察对方拦防布局，随时改变扣球路线和力量，有利于控制击球落点，因而是最好的进攻方法。

一、扣球技术的动作方法及要领

（一）准备姿势

站在离网3米左右处，两脚自然开立，两膝微屈，上体稍前倾，两臂自然下垂，观察二传来球，随时准备向各个方向助跑起跳。（图3－19）

图3－19　准备姿势

（二）助跑起跳

助跑的目的是获得一定的水平速度，增加弹跳高度，并且选择适当的起跳点。助跑的时机、方向、步法、速度、节奏根据来球的方向、速度和弧线而定。只有熟练掌握一步、两步、三步及多步助跑的步法，才能更好地适应各种球。两步助跑起跳是最基本的步法。

以右手扣球为例，助跑时左脚先向前迈出一步，接着右脚迅速跨出一大步，左脚及时跟上，落在右脚侧前方，脚尖稍内收准备起跳。在右脚跨出一大步的同时，两臂从体侧向后引，在左脚落地制动的同时，两臂积极地自后向前摆动，随着双脚蹬地向上起跳，两臂配合起跳用力上摆。

助跑的第一步要小，目的是正对来球方向，使身体获得向前的水平初速度；第二步要大，目的是接近球和提高助跑的速度，右脚落地支撑点在身体重心之前，有利于制动，将水平速度转化为垂直速度，便于充分起跳，保持身体重心不前冲。（图 3－20）

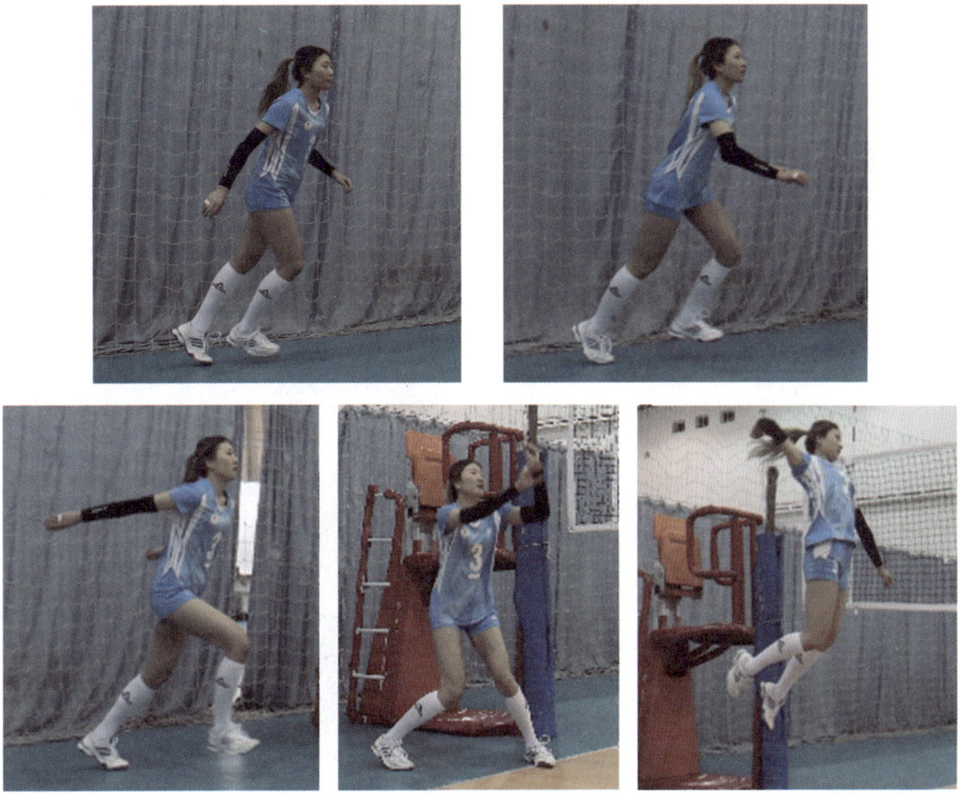

图 3－20　助跑起跳

（三）空中击球

起跳后，挺胸展腹，上体稍向右转，右臂向后上方抬起，肘高于肩，身体成反弓形。挥臂时，以迅速转体、收腹动作发力，带动肩、肘、腕关节成鞭打动作快速向前上方挥动。击球时，五指微张成勺形并保持适度紧张，用全手掌包满球，以掌心为击球中心，击球的中后部，同时主动用力屈腕屈指向前推压，使扣出的球加速上旋。击球点在起跳和手臂伸直最高点的前上方。（图 3－21）

图 3－21　空中击球

（四）落地

空中完成击球动作后，身体自然下落，为了避免腿部负担过重，双脚前脚掌先着地，同时顺势屈膝屈髋，缓冲身体下落的力量。（图 3－22）

图 3－22　落地

扣球完整技术，如图 3－23 所示。

图 3－23　扣球技术

二、扣球技术的教学步骤

（一）示范与讲解

扣球技术较为复杂，因此采用分解教学的方法，分别进行挥臂和助跑起跳的教学，然后再进行完整动作的教学。教师主要采用侧面示范，使学生看清助跑路线、起跳和空中击球动作。

1. 助跑起跳的示范

先示范完整的两步助跑起跳动作，然后分解示范讲解踏跳步和摆臂动作，看来球的方向再上步。示范位置可在网前，也可不结合网。示范两脚位置关系时可以采用正面示范。

2. 挥臂动作的示范

先完整示范动作方法，然后分解示范讲解引臂动作、鞭打动作及发力顺序、扣球手法等环节。教师进行扣球挥臂动作示范时，扣球手一侧对着学生。完整示范时要用球，分解示范时可以徒手，扣球手法示范时可以结合球，采取背面示范。

3. 完整的空中扣球动作示范

先结合球网进行完整动作示范（图 3 - 24），然后分解示范讲解扣球准备姿势、助跑起跳、空中击球动作、落地动作。完整示范结合球，分解示范可徒手。若没有合适的二传配合示范，可进行徒手的完整动作示范。

讲解内容包括：扣球在比赛中的作用；扣球技术动作的运用分类；扣球动作的方法，包括助跑起跳方法、挥臂击球动作方法及扣球手法、空中击球动作方法、落地方法等；配合分解示范的讲解还要提醒学生注意观察的部位或动作环节，避免学生眼睛跟随球走，未观察到动作。

图 3 - 24　完整扣球教学的示范

（二）练习方法

1. 助跑起跳

（1）原地起跳

练习目的：学习双脚起跳方法，手臂的协调摆动动作以及落地缓冲动作。

组织形式：学生呈体操队形站立。按教师口令一呼一动，屈膝下蹲、蹬地起跳、两臂划弧摆动至胸前。

练习要求：教师示范讲解练习方法，强调屈膝、屈髋降低重心，双臂后引的动作及重要性；强调落地时要双脚前脚掌先着地，屈膝缓冲；练习的频率不宜太快，练习的次数不宜多，可以分组练习，让学生相互观摩和休息；要求学生屈膝、屈髋、蹬腿、摆臂充分起跳。

（2）一步踏跳

练习目的：掌握助跑起跳中关键的踏跳步方法，体会摆臂的协同动作。

组织形式：学生成4列横队，两臂间隔，与网垂直站立。按照教师的口令做踏跳步练习，从场地的一侧边线练习至另一侧边线，再返回，先集体练习一个来回再分组练习。

练习要求：教师先带领学生练习，然后由学生自己练习，练习速度由慢到快；一步踏跳是助跑起跳的关键，要反复练习，熟练掌握，对错误动作及时纠正；要求学生放松大胆地做动作，相互观摩学习，相互帮助，耐心练习，一定要掌握正确的技术动作。

（3）两步助跑起跳

练习目的：掌握扣球助跑起跳步法。

组织形式：同上。将一步踏跳练习改为两步助跑起跳练习。

练习要求：动作由慢到快，步幅由小到大，两步之间衔接连贯，掌握助跑节奏；教师明确助跑起跳的落地限制，避免起跳时前冲；放慢练习节奏，及时纠正错误动作。

（4）网前助跑起跳

练习目的：学会结合球网的助跑起跳，熟练助跑起跳步法。

组织形式：学生4人一组，在两个半场的3米线附近准备练习；听教师哨声，两边各一组同时练习，助跑起跳3次后，轮换下一组练习。

练习要求：教师示范并讲解起跳点离网的距离，身体与网的位置关系，制动避免前冲碰网等练习要点；练习中重点指导不熟练的学生，练习节奏由慢到快，次数由少到多，开始1次练习，过渡到2~3次连续练习，使学生不断熟练步法；要求学生用正确的步法进行练习，起跳时距网1米左右为宜，避免起跳后身体前冲碰网。

2. 挥臂击球的练习

（1）徒手模仿练习

练习目的：学习扣球挥臂动作方法，体会鞭打动作。

组织形式：学生成4列横队，体操队形站立。教师用口令引导练习，一呼一动，引臂、挥臂。学生集体练习，分组相互观摩、评比动作、纠正动作。

练习要求：教师带领学生练习，强调引臂时肘高于肩；练习节奏由慢到快。采用分组练习，相互观摩，帮助学生及时发现错误；教师可采用助力的方法帮助学生体会鞭打动作，纠正错误动作；要求学生抬肘引臂动作要放松自然；腰腹发力呈鞭甩动作；手臂甩直，想象在最高点击球。

（2）体前击打固定球

练习目的：体会扣球时甩小臂和全手掌击球的感觉。

组织形式：学生呈体操队形站立，每人1球或2人1球轮流练习。学生左手托球于腹前，右手挥臂击打球，然后托球于胸前再进行练习。

练习要求：教师用哨声带领学生练习，强调抬肘，甩小臂动作放松连贯，全手掌包满击球；指导学生通过听声音辨别动作效果（是否包满球，击球速度）；练习节奏不宜太快；要求学生用心体会甩小臂、甩手腕、手掌包满球的感觉。

（3）对地击打球

练习目的：进一步体会小臂、手腕的鞭打动作，以及全手掌包满球的感觉。

组织形式：2人1球轮流练习，体操队形散开。练习时，左手持球于腹前，右手挥击；或左手将球轻拍于地面，右手挥击反弹球。练习一定时间后，可以比赛谁击打的球反弹最高。

练习要求：教师示范并讲解练习方法，强调持球或反弹球的高度不超过腹部；强调抬肘，前臂、手腕放松，手掌包满球等动作要领；放慢练习节奏；要求学生用心体会连贯的鞭打动作，主动屈腕，全手掌包满球。

（4）原地扣固定球

练习目的：巩固手臂的鞭打挥击动作，体会最高点击球和击球手法。

组织形式：2人一组，一人双手持球，举在练习同伴挥臂的高度，另一人原地用中小力量挥臂扣球。练习5～8次后交换。

练习要求：依学生的身高进行分组，对持球的方法进行讲解（双手全手掌托住球的中下部），正确示范扣球动作方法，提示学生每次练习从抬肘引臂动作开始；要求学生认真持球，高度适中，认真扣球，不嬉闹，用心体会扣球的挥臂动作，两人相互纠正。

（5）原地自抛扣球

练习目的：熟练掌握连贯的扣球挥臂动作，学习找准击球的时机，体会在最高点击球。

组织形式：每人1球，或2人1球轮流对墙、对挡网自抛扣球；或者2人一组，相距7米左右，来回自抛扣球。

练习要求：教师示范练习方法，强调抛球的位置和高度，强调只有手臂放松才能提高挥臂击球的速度，先用中小力量完成动作，保证全手掌包满球，然后逐步加力；不急于强调扣出的球要呈上旋飞行；要求学生认真抛好球，放松做动作，不急于发力，相互观摩学习。

（6）隔网原地扣抛球

练习目的：提高找球的能力，提高击球高度和击球速度。

组织形式：将学生分为3组，分别在2、3、4号位附近进行练习。每组一名学生在距网1米处抛球，其他人轮流练习扣球，扣球后捡球排到队尾，抛球人抛5次后换人抛球。

练习要求：网高1.8米左右，身高较矮的学生在3号位练习；教师示范并讲解抛球的方法和要求，强调如果抛的球不到位时，扣球的学生用并步或滑步去找球，在右肩前上方最高点击球，提醒学生用中等力量扣球；要求抛球的学生认真抛球协助练习，扣球的学生积极找好击球点和时机，力争包满球，扣出上旋球。

3. 完整扣球动作练习

（1）网前徒手起跳扣球

练习目的：学习连贯的助跑起跳扣球动作，复习助跑起跳和扣球挥臂动作。

组织形式：将学生分为若干组，每4人一组，分别在网的两侧轮流进行练习；教师鸣哨两边各一组助跑起跳扣球，练习若干组后，两边学生换位，体会不同位置的助跑起跳、人与网的关系。

练习要求：教师反复强调动作要连贯、完整，在空中完成击球动作；提醒学生注意身体与网的距离，注意制动和落地动作。

（2）网前助跑起跳接抛球

练习目的：学习选择助跑时机、起跳点、起跳时机、人与球的关系。

组织形式：将学生分为2组，在网的同侧练习。根据学生的身高进行分组和选择练习位置。一组由教师抛球，另一组由学生轮流抛球。学生轮流练习，助跑起跳在空中最高点用双手将球接住，然后把球传回给抛球的教师或学生。教师轮组抛球，观察所有学生的动作，及时纠正错误运作。

练习要求：教师示范讲解抛球方法与要求，抛球高度固定在网上2米左右，距离球网50～60厘米，教师可以用口令帮助学生找好助跑和起跳的时间；要求抛球的学生尽量控制抛球的高度和落点，练习的学生做好准备姿势，认真体会并总结每次助跑起跳的时机是否合适，及时调整，掌握根据球的高度进行上步的时机，观察同伴的动作，相互提醒。

（3）网前助跑起跳扣抛球

练习目的：体会完整的扣球动作，逐步提高扣球的找球能力。

组织形式：将学生分成两大组，在球网同侧练习。一组由教师抛球，另一组由学生轮流抛球，每人抛5次球后交换，练习一定次数后两组交换位置。

练习要求：抛球的弧度适中，并尽量固定，高出球网上沿2米左右，离球网约50～60厘米，要求学生认真抛球；继续用口令帮助扣球学生找球，扣球时不急于发力，先耐心地找到球，允许开始几个球扣不好，相互交流找球的体会。

（4）4 号位扣二传传出的球

练习目的：学习并初步掌握在 4 号位扣一般球，巩固完整的扣球技术。

组织形式：教师先担任二传，学生在 4 号位边线外 3 米线附近成一路纵队，准备轮流练习。自传或抛球给教师，然后助跑起跳扣球。当学生具备一定能力后，教师可以指定传球较好的学生尝试组织扣球，也可以让愿意传球的学生尝试组织扣球。

练习要求：教师做二传，尽量固定传球的落点、弧度和高度；要求学生认真、耐心地找好球，扣球力量由小到大，扣一般斜线；提醒学生注意另外半场扣来的球，捡球时不把球滚到中线附近，避免同伴受伤；学生传球时，教师强调扣球学生积极努力地找好球，对无法扣的球，可以尝试用双手传球或垫球过网。

（三）易犯错误及纠正方法

1. 助跑起跳前冲，击球点保持不好

纠正方法：采用限制性方法，如在地上标明起跳点和落地点，进行徒手助跑起跳、助跑起跳扣固定球或助跑起跳接球等练习。

2. 起动时间早或晚，起跳时机不当

纠正方法：用口令、信号控制起动上步时间；抛不同高度的球练习助跑起跳接球，训练学生对球的时空判断能力。

3. 助跑起跳步法错误

纠正方法：进一步强化两步助跑起跳的动作方法，进行分解练习，重点是踏跳步的练习。

4. 助跑起跳动作不协调或节奏不对

纠正方法：多做徒手模仿练习，教师用口令帮助学生进行练习。

5. 挥臂鞭打动作错误

纠正方法：进一步明确动作概念，反复进行徒手挥臂练习，强调发力顺序和手臂放松；辅以掷羽毛球、网球等练习，或者持球网袋、毛巾等进行挥臂练习。

6. 击球手法不正确，用掌根或手指击球

纠正方法：徒手挥臂练习，熟练挥臂发力顺序；用口令引导，提高挥臂速度；

低网自抛自扣，体会手腕推压、鞭甩击球动作；击固定球，练习手包满球。

（四）应注意的问题

①扣球技术教学中，学生更重视扣球挥臂动作的学习，容易忽视助跑起跳动作的学习，但助跑起跳是保持好人、球关系的关键，因此要提醒学生重视并认真学好助跑起跳动作，达到熟练掌握的程度。

②扣上旋球手法较难掌握，教学过程中不刻意追求扣出上旋球，而是要求学生完整地做好挥臂动作的每一个环节，直至最后的手腕的细微动作。

③扣球教学中，一般不要比较学生的扣球力量，而是比较学生的扣球技术掌握情况，比谁的扣球时机好、击球点好、手掌包得满等。

④扣球教学的开始阶段，最好由教师或传球较好的学生担任二传，这对帮助学生掌握起跳时机和起跳点、学会空中扣球技术非常重要。

第七节　拦网技术

小学高年级阶段可以进行拦网技术教学，以最基本的单人拦网技术为主，目的是培养学生的防守意识。

一、单人拦网技术的动作方法及要领

（一）准备姿势

面对球网，两脚左右开立，与肩同宽，距网 30 ~ 40 厘米。两膝微屈，两臂屈肘上举，置于体侧。一般情况下，2 号位、4 号位队员取位距边线 1.5 米处，3 号位队员居中。

（二）移动步法

常用的步法有并步、滑步、交叉步等。向两侧近距离移动时采用并步移动，其特点是能保持面对球网，便于观察场上情况，也便于随时起跳；滑步移动适用于球速比较慢，或早已判断出扣球进攻点，有时间移动时；交叉步移动适用于中距离移动时采用，其特点是移动速度快，制动能力强，控制范围大。无论采用哪种移动步法，都要注意平行球网移动并做好制动动作，以保证向上起跳，避免触网或冲撞同伴。

（三）起跳

原地起跳时，两腿屈膝，重心降低，随即用力蹬地，两臂以肩关节为轴，上臂发力，带动前臂，在体侧近身处划弧摆动，帮助身体迅速跳起。移动后的起跳与原地起跳动作相似，但注意制动并把移动与起跳动作衔接好。

（四）空中动作

起跳时，双手从额前向球网上沿伸出，两臂伸直并保持平行，两肩上提。拦网时，两臂伸过球网接近球，两手自然张开。当手触球时，两手要突然紧张，手腕下压。若起跳高度不够，可以使手腕稍后仰且保持紧张，把扣球挡起。

（五）落地

拦网后，含胸收腹，保持身体平衡。手臂要先从网上收回至本方上空，再屈肘向下收臂，以免触网。同时屈膝缓冲，双脚落地，随即转身面向后场，准备接应来球或做好下一个准备动作。

单人拦网技术动作如图 3－25 所示。

侧面图

背面图

图 3 –25　拦网技术

二、拦网技术的教学步骤

（一）示范与讲解

教学以完整示范为主，分解示范讲解拦网的准备姿势、移动步法、摆臂起跳方法、空中击球手法及落地动作等。

选择在网前进行示范（图3－26）。正面示范让学生观察拦网的基本取位、手臂的位置、手臂摆动、拦网手型和拦击动作；侧面示范提醒学生观察拦网时手臂与身体的位置关系、身体与网的距离等；背面示范让学生观察拦网的起跳动作、伸臂动作和拦网手法等。讲解拦网的作用、动作方法及要领等。

图3－26　拦网技术教学的示范与讲解

（二）练习方法

1. 徒手原地伸臂拦网

练习目的：建立拦网的动作概念，体会拦网的手臂动作。

组织形式：学生呈体操队形散开，分组在网的两侧轮流做原地徒手伸臂动作，或轮流对墙徒手做伸臂动作。

练习要求：两脚距离适当，含胸收腹，提肩伸臂，五指张开。

2. 徒手原地起跳拦网

练习目的：体会拦网的空中动作，重点是蹬地、摆臂和伸臂动作。

组织形式：将学生分成若干组，4～6 人一组，在网的两侧进行练习。一组练习，其他组在 3 米线附近观摩并准备练习。教师鸣哨开始起跳拦网，一哨一动，3 次后组间轮换。

练习要求：网高适中，教师检查学生的拦网取位是否合适（两脚距离，离网距离），及时发现触网的学生，找出触网的原因，并予以纠正；要求学生跳起后收腹、含胸、提肩，切忌触网。

3. 徒手移动拦网

练习目的：学习并初步掌握移动拦网步法，体会移动后的拦网动作，学习控制身体重心。

组织形式：将学生分为若干组，练习时两个半场各一组学生同时练习。注意观察教师的手势，听哨声进行移动练习，正对教师的学生看手势移动，背对教师的学生跟对面同伴保持相同的移动方向。3～5 次后轮换组练习。先练习并步移动拦网，再根据学生掌握情况学习滑步移动拦网和交叉步移动拦网。

练习要求：移动步幅不宜过大，便于学生控制身体重心，以免前冲触网或离网太远；要求学生认真练习，尽量做到哪里起跳哪里落地，要有目标地去做动作。

4. 跳起拦高台固定球

练习目的：学习选择起跳点，掌握拦网手型。

组织形式：将学生分为 3 组，在网的同侧进行练习，教师或学生站在凳子上双手持球于网上，其他学生轮流起跳拦网，2～3 个循环后，交换持球学生。先练习原地起跳拦网，再练习移动起跳拦网，站在球的两侧，向左或向右移动拦网。

练习要求：教师示范练习方法，强调两手张开，间距适中，移动后制动起跳，身体不向外侧漂移；教师示范持球方法，持球不要过网，让拦网学生伸手过网；要求学生低头看球，避免触网。

（三）易犯错误及纠正方法

1. 手臂有扑打动作，容易触网犯规

纠正方法：建立正确的拦网动作概念，手臂应该是顺网上伸，空中是提肩动作；在网前练习原地提肩伸臂的动作；教师隔网在网前抛球让学生体会正确动作。

2. 拦网起跳时机不对，一般是过早起跳

纠正方法：教师强调拦网滞空时间与扣球滞空时间的区别；教师用口令指导学生完成拦网动作；教师站在学生身边帮助其判断起跳时机，并与其一起起跳拦网；教师抛不同高度的球，提高学生的判断能力。

3. 拦网时手指、手腕放松，易导致手指受伤或造成破坏性拦网

纠正方法：讲解手指、手腕放松的危害；利用低网、教师扣球、学生原地站立拦网，让学生体会手指、手腕紧张用力和放松的不同感觉，加深体验。

4. 拦网漏球

一是两手之间空隙大而漏球；二是拦网队员的双手距离球网较远，造成球在拦网队员身前落地，俗称“窝果”。

纠正方法：教师抛不同力量和速度的球，让学生原地伸臂体会动作，手触球后不动，检查两手之间的距离是否合适。纠正人距离球网远的问题，一是让学生反复练习左右移动拦网，帮助其提高控制重心的能力；二是解决学生触碰网的心理；三是让学生看信号左右移动，移动后停顿，检查自己与网的距离是否合适，然后起跳拦网。

（四）应注意的问题

①初学拦网阶段，学生常常掌握不好起跳时机，体会不到拦网的手上动作，教师要将球抛到或扣到拦网手上，并结合口令，帮助学生体会起跳时机和击球动作。

②拦网是与扣球的近距离对抗，练习时，教师应提醒学生扣球和拦网都不能过中线，都不能触网，避免其冲撞或过线踩脚受伤。进行有球拦网练习时，一定要保证球网附近没有球，安全第一。

第四章　小学阶段排球基本战术

排球基本战术分为个人战术和集体战术。个人战术是指比赛临场运动员个人有目的、有意识地合理选择并运用技术去击球；集体战术是指场上所有队员共同形成的阵型及配合，分为防守战术和进攻战术。本章学习的是集体战术。

防守战术即防守阵型，包括接发球防守阵型、接扣球防守阵型、接拦回球防守阵型等。进攻战术包括“中一二”进攻战术、“边一二”进攻战术、“插上进攻”战术等。

在排球比赛中，除了发球进攻由运动员个人完成，其他所有进攻都是在防守的基础上组织完成的。我们最先用到的集体战术就是接发球防守战术，即接发球站位阵型。

第一节　接发球防守战术

接发球防守战术是指场上队员为接起对方发球所采取的有目的、有意识、有组织的防守行动。在实际比赛中，接发球防守战术的运用主要是通过接发球站位阵型体现出来的。接发球站位阵型是指对方发球时本队接发球队员的站位布局。

接发球站位阵型有 5 人接发球、4 人接发球、3 人接发球等阵型。高水平比赛大都采用 3 人接发球阵型。初学时或中低水平的比赛一般采用 5 人接发球站位阵型。

在学习接发球防守战术之前，我们需要先了解排球场地的位置区域（图 4 -1）及相关规则。排球场地前排左边为 4 号位，前排中间为 3 号位，前排右边为 2 号位；后排左边为 5 号位，后排中间为 6 号位，后排右边为 1 号位。规则规定，任何一方发球时，运动员必须站在正确的位置上，发球后可以交换位置。

图 4 -1　排球场地位置区域

一、5 人接发球站位阵型

1 名队员在网前不参加接发球，准备组织进攻，其他 5 名队员按前 3 后 2 呈“W”形站位（图 4 -2）。每个队员都担负一定区域的接发球任务。

图 4－2　5 人接发球站位阵型（“W”阵型）

5 人接发球阵型的优点是参加接发球的人数多，每个人的责任区域较小。但是接发球人数多，结合部就比较多，配合的难度增加，所以必须明确每个人接发球的责任区域及配合方法。

二、5 人接发球防守战术教学步骤

（一）演示与讲解

5 人接发球防守战术的演示可采用白板、挂图、沙盘等，或选择 6 名学生上场进行现场演示，讲解战术名称、运用时机和基本站位。结合演示，讲解每一名队员的站位，各自防守的职责和范围，前后排、左右相邻位置间的配合以及如何判断取位等。

（二）练习方法

1. 听教师口令徒手站位

练习目的：了解排球场上的基本站位，位置的轮换；了解5人接发球阵型中各位置所站的区域，明确各位置的分工与防守职责。

组织形式：每边场上6个人，站成前后两排（图4－3），听教师报出位置区域号码，两边场上相应位置的学生举手，如教师报“4”，两边场上4号位的学生举手，若干次后轮换一个位置；然后按5人接发球的“W”阵型站位（图4－4），同样听教师报数，相应位置的学生举手；轮换6个位置后换12人上场。

练习要求：让学生明确位置代码的含义；在学生了解了排球场上的基本位置后，让学生看懂如何从前后排的站位变换成“W”阵型站位；要求学生站位要正确，轮转后无错误；为了让学生真正理解“W”阵型各位置的职责，教师应及时解答学生提出的问题。

图4－3　基本站位练习

图 4－4 5 人接发球站位练习

2. “W”阵型接抛球

练习目的：进一步熟悉基本的接发球阵型，学习相互间的配合。

组织形式：教师隔网抛球，6 名学生在半场站成 5 人接发球阵型（“W”阵型），接教师的抛球，1 人在网前接垫球后将球传给教师。每轮接 3 个球，练习 6 轮后换另外 6 名学生上场练习。

练习要求：教师有意识地找点、找人抛球，帮助学生理解战术配合。例如：抛球到学生手上，让其体会垫球到位；抛球到前后排之间，让学生体会前后排之间的配合与呼应；抛球到同排相邻位置之间，让学生学习并体会左右位置之间如何配合。要求后排学生多接球，前排学生在呼应后排学生接球的同时，转身准备接应垫不到位的球，1 人接球，其他 5 人准备接应。网前学生积极跑动并接垫球，尽量不让球落地。

3. “W”阵型接发球

练习目的：培养判断意识和能力，学习相互间的呼应与配合，提高接发球的水平。

组织形式：将学生分为两大组，一组教师发球，另一组学生发球。6 人在场上按 5 人接发球阵型站位，网前学生接垫球后，把球滚到边线外。接 3 ~5 次发球后，轮转一个位置，此时轮转到 1 号位的学生下场，换下一名学生上场，如此轮换，直至所有的学生都上场轮转 6 次。发球组每名学生发 5 次后进行轮换，轮换方式同上。练习过半，教师换到另一组发球并指导练习，准备上场练习的学生捡球。

练习要求：教师发球可先在边线外中场附近，然后过渡到端线，学生则根据其能力选择发球位置；教师发球要注意让每个学生都有机会接到球；教师应重点指导前后排之间的配合；控制学生上下场换人的节奏；要求学生加强判断，积极呼应，明确分工与配合。

4. 发球、接发球对抗

练习目的：进一步提高接发球的配合能力和接发球水平，提高学生练习的积极性。

组织形式：将学生分成两大组，一组 6 人在场上接发球，另一组 6 人在端线外发球，听教师鸣哨后两边各发一球。接发球后，网前学生接住球则完成练习（图 4 -5）。接住的球滚到同场区端线外，每发 5 球两边轮转一个位置，并换一名学生发球，发球失误时再补发一球，统计双方接发球到位的次数和失误的次数。轮转 6 个位置后，两边场区接发球和发球的学生轮换，再进行 6 轮练习，统计双方接发球到位的次数和失误的次数，然后换人再继续练习。

练习要求：该练习有一定难度，需要发球失误较少才能完成，可以允许学生近距离发球；教师通过鸣哨控制练习的节奏，既保证发球学生做好准备，又保证接发球方不等待太长时间；教师重点对接发球进行指导；要求学生注意力集中，5 人均要做好接球准备，加强呼应、配合与接应；学生应减少发球失误，端线外的学生为发球学生递球、捡球。

图 4－5　发球、接发球对抗练习

5. 比赛中运用 5 人接发球站位阵型

练习目的：提高学生练习的积极性，熟悉 5 人接发球站位阵型，提高接发球配合能力和水平。

组织形式：将学生分为若干个 6 人组，两组对抗进行比赛。比赛中运用 5 人接发球阵型。

练习要求：受对接发球分工配合不默契的限制，学生初学 5 人接发球站位阵型时往往不如之前练习接发球效果好。比赛时教师不必刻意要求阵型非常规范，以能够把球接起进行比赛为主，逐步完善阵型。

（三） 应注意的问题

①接发球防守战术教学中，教师首先要讲解场上每个位置的防守区域和职责，然后再讲解相互间的配合，如前后排、同排左右之间的配合。分工明确、职责明确才有可能配合默契。

②防守战术的学习需要有进攻的配合。有进攻才需要防守，才能学会防守。保证有效的进攻是教学难点，因此，教师要多担任进攻的角色，帮助学生形成有效的防守。学习 5 人接发球站位阵型，特别需要发球的稳定性。

③排球比赛中攻防的转换节奏很快，这也是学习排球技战术的难点之一。因此，在教学中要提醒学生，随时做好攻防转换的准备。

第二节 “中一二”进攻战术

“中一二”进攻战术是指在比赛中，场上位于前排中间3号位的队员做二传，将一传接起来的球传给前排2号位或4号位队员扣球的进攻组织形式。接发球之后可以组织“中一二”进攻战术，接对方扣球后也可以组织“中一二”进攻战术。这种进攻战术的组织方法比较简单，较容易掌握，适合小学阶段的学习。

一、“中一二”接发球进攻阵型

在5人接发球站位阵型的基础上，前排3号位队员组织4号位或2号位队员扣球进攻，即为“中一二”接发球进攻阵型。(图4-6)

图4-6 “中一二”接发球进攻阵型

为了更好地组织进攻，由传球能力强的队员司职二传，其他队员专心扣球进攻，司职攻手，形成“四二”阵容配备（4名攻手，2名二传）。由于排球规则要求场上队员位置轮转，当二传队员不在3号位时，就需要换位，即不在3号位的二传队员，在对方发球队员发球击球后，快速跑至3号位担任二传，组织进攻，从2号位换到3号位，或从4号位换到3号位。（图4－7、图4－8）

图4－7 换位“中一二”接发球进攻阵型（从2号位换位，箭头指向二传）

图4－8 换位“中一二”接发球进攻阵型（从4号位换位，箭头指向二传）

二、“中一二”进攻战术教学步骤

开始学习“中一二”进攻战术时，不进行换位，谁轮转到3号位，谁担任二传队员。在学生基本掌握接发球时的“中一二”进攻阵型后，可以介绍防守反击中的“中一二”进攻战术，使学生真正理解进攻战术的意图。

随着学生技术熟练程度的提高以及对战术理解的加深，可以学习“四二”阵容配备，有二传与攻手分工的“中一二”进攻战术。让传球较好、对战术理解到位的学生担任固定二传并组织进攻。学习位置的交换，同样要先学习接发球时的换位“中一二”进攻阵型，再学习接扣球时的换位“中一二”进攻阵型。

（一）演示与讲解

结合实战演示，需要讲解二传的位置，实施进攻的点、攻手的跑动路线以及进攻打法的变换等。在此基础上讲解如何由防守转入进攻，即接发球后的进攻或接扣球后的进攻。如果是“四二”阵容配备的“中一二”进攻战术，还需要讲解需要换位的轮次如何站位，二传如何换位、换位时机等。

（二）练习方法

1. 教师组织进攻

练习目的：了解“中一二”进攻阵型，体会扣球技术在进攻战术中的运用。

组织形式：将学生分为 3 组，第一组在 4 号位扣球，第二组在 2 号位扣球，第三组捡球并给教师抛球，教师担当二传组织进攻。每名学生扣球 1 ~ 2 次后，组间轮换继续练习。（图 4 – 9）

练习要求：该练习的重点是教师示范二传队员如何传球组织进攻，提示学生在练习扣球的同时，观察教师组织进攻的方法。先顺序向 4 号位和 2 号位传球，然后不定点传球，要求两个位置的学生都准备扣球，讲解如何选择 4 号位或 2 号位组织进攻。当来球不便传球时，教师还可以示范选择垫球技术组织进攻。

2. 教师抛球，学生二传组织进攻练习

练习目的：学习组织“中一二”进攻战术，提高传球技术水平，培养学生之间的互助意识。

组织形式：将学生分为 3 组，两组学生分别在 2 号位和 4 号位轮流扣球，第三组学生捡球，捡球组中传球较好的学生在 3 号位传球。教师抛球给传球学生，由其组织进攻。每组球扣 20 次，可以由若干名学生分别组织进攻，然后 3 组轮换。（图 4 – 10）

图 4－9　教师演示组织“中一二”进攻

图 4－10　学生组织“中一二”进攻练习

练习要求：教师有意识地向 4 号位或 2 号位抛球，帮助二传学生选择组织进攻的方向。提醒扣球学生观察教师抛球情况准备进攻。二传学生要全身协调用力，将球尽量传高；扣球学生要积极找球，将无法扣的球采用传球或垫球技术处理过网，尽量不让球在本方落地。

3. 垫球、传球、扣球串联练习

练习目的：培养二传的接应意识，提高垫球到位的能力，培养攻手处理球的意识。

组织形式：将学生分为3组，第一组学生在4号位扣球，第二组学生在网前3号位做二传（1人连续传3次，其他学生隔网网前准备），第三组在中场垫抛来的球。每人轮流垫3次后，3组顺时针轮转换位，变换角色继续练习。扣球组学生扣完球后捡球。3组轮换完成后改为2号位的进攻，或在下次课练习2号位的进攻。（图4－11）

图4－11　垫球、传球、扣球串联练习

练习要求：教师抛球速度要慢，弧度适中且尽量到位，降低垫球难度；指导二传接应垫球及选择传球或垫球技术；提醒扣球学生准备处理二传不到位的来球；要求学生积极主动，开动脑筋，力争形成有效进攻。

4. 加垫球组织“中一二”进攻练习

练习目的：进一步熟练“中一二”进攻战术，提高垫球、传球技术的控球能力和串联意识。

组织形式：将学生分为4组，第一组在中场垫球，第二组在4号位扣球，第三组在2号位扣球，第四组在3号位传球，教师在另一半场抛球给垫球组的学生。垫球组每人轮流垫3次后，4组轮转换位。两组扣球的学生完成后捡球。传球组学生

一人连续传 3 次，其他学生隔网在网前准备。(图 4－12)

图 4－12　加垫球组织“中一二”进攻练习

练习要求：教师抛球到位，重点指导二传学生；要求垫球、传球学生首先把球打高，便于同伴移动找球；鼓励学生积极动脑，加强沟通；可以安排组间比赛，看哪组传球组织进攻次数最多，哪组垫球到位次数最多。

5. 完整的“中一二”接发球进攻练习

练习目的：学习“中一二”接发球进攻阵型，理解排球比赛攻防转换的意义。

组织形式：6 名学生在半场，教师隔网向场内发球，学生接发球后组织“中一二”进攻。每发 3 个球，轮转一个位置，谁轮转到 3 号位，即担任二传手。统计各组形成有效进攻的次数。练习 6 轮后换另外 6 名学生上场。场下学生观摩、思考、捡球、递球。(图 4－13)

练习要求：教师发球速度要慢，并发到某位学生手上；鼓励学生力争组织进攻，只要 3 次击球过网不失误就给予表扬；在串联练习遇到困难时，引导学生坚持不放弃，团结互助，达到将球击入对方场区并有一定的攻击性的目的；要求学生大胆运用技术，主动击球，加强沟通与弥补。

图 4－13　完整的“中一二”接发球进攻练习

6. 学习“换位中一二进攻”战术，徒手轮转位置

练习目的：理解排球比赛位置关系的规则，明确每个人的站位、二传跑动路线及换位时机。

组织形式：学生分为 6 人一组，两边场地各站一组学生，听教师哨声进行站位、跑位和轮转换位练习，轮换 6 次后换其他两组学生上场练习。（图 4－14）

练习要求：教师进一步强调换位“中一二”进攻战术的目的、基本站位和相互之间的位置关系；教师指定各组 2 名学生担任二传角色；让每名学生都上场体会站位，担任二传或攻手；要求学生有疑问及时请教教师或同学。

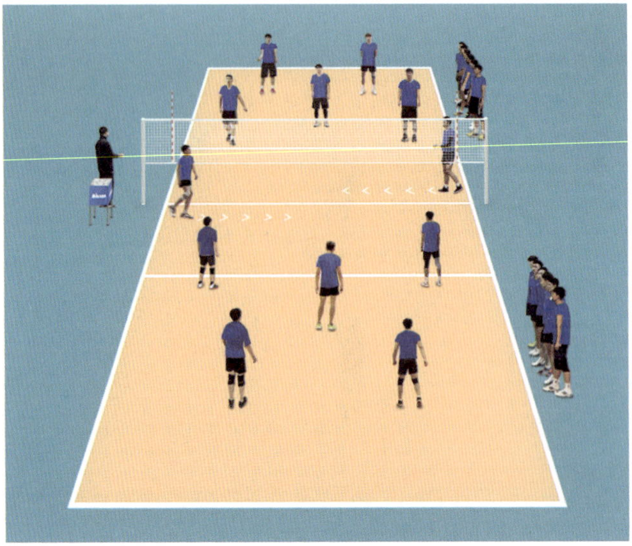

图 4－14　徒手轮转位置练习

7. 固定二传的“中一二”接发球进攻练习

练习目的：熟悉换位的“中一二”接发球进攻阵型，选拔和培养二传学生（一个班选拔 6～8 名二传学生比较合适），提高学生的进攻意识。

组织形式：6 名学生为一组，每组有 2 名二传学生。教师从对方中场抛球或下手发球，6 名学生组织接发球进攻。二传在 3 号位时，直接组织“中一二”进攻，二传在 2 号位或 4 号位时，组织换位的“中一二”进攻。练习 6 轮后换其他学生上场。

练习要求：教师发球速度慢且到位；多鼓励二传学生；及时提醒学生的站位，并等学生回位后再发球；提醒二传学生提前做好准备，提醒垫球学生的到位区域；要求学生加强语言交流，多呼应，及时接应补位。

8. 比赛中组织“中一二”进攻战术

练习目的：熟悉“中一二”进攻阵型，培养学生的进攻意识和串联意识，提高学生练习的积极性，学习语言交流和呼应。

组织形式：将学生分成若干组，每组有 6 人，且实力相当，进行组间对抗。教师在边线外，隔网抛球或下手发球进入比赛，每组给 3 次球后，两组各轮转一个位置。组间对抗采用每球得分制，给形成“中一二”有效进攻的组加 1 分。6 轮累计得分多者为优胜。换另外两组进行对抗。

练习要求：教师重点指导接发球进攻一方，鼓励采用固定二传组织“中一二”进攻阵型；对防守方主要指导其加强对来球的判断和尽量组织进攻或 3 次击球过网；要求学生开动脑筋，积极呼应，主动沟通，大胆击球。

（三）应注意的问题

①技术能力是战术学习的保证，进攻战术又是在防守战术的基础上才能完成，因此建议到高年级阶段再学习进攻战术。

②战术学习需要集体的配合，而且战术学习难度比较大，困难比较多，是学习和传承“女排精神”的良好机会。

③二传环节是进攻战术学习的重点和难点，一方面需要加强二传的练习，另一方面允许二传学生接住球再抛球，或用垫球技术来组织进攻可以降低难度。

④进攻战术的完成除了技术保障，进攻欲望，垫球、传球的到位意识，接应同伴、弥补同伴等意识也很重要。这些意识需要在技术教学和练习中贯彻执行。另外，永不放弃的拼搏精神和团队精神，也是不可或缺的。

⑤学习进攻战术需逐步增加难度，由两项技术串联到三项技术串联，再到完整练习，最后进入比赛运用。在这个过程中要鼓励学生大胆运用技术，同时想办法降低垫球难度。练习和比赛中不追求必须形成有效进攻，以免挫伤学生的积极性，但发现有组织进攻意识的学生要及时给予表扬。有了这种意识，一旦技术成熟就可以形成有效进攻。

第五章 排球竞赛规则及裁判手势

第一节 排球比赛简单规则

排球比赛的目的是隔网的双方采用规则允许的技术击球过网，使球落于对方场地上，同时防止球在本方场地上落地。每队有三次机会（拦网触球除外）将球击回对方的场区。

比赛由发球开始，发球队员击球过网进入对方的场区，双方往返击球，直到球落地、出界或一队无法正确地回击为止。

一、场地、设备、球

（一）排球比赛场地

排球比赛场地是对称的长方形，包括比赛场区和无障碍区。比赛场区为 18 米 ×9 米的长方形。其四周至少有 3 米宽的无障碍区，比赛场区上空的无障碍空间从地面量起至少高 7 米，其间不得有任何障碍物。比赛场地的地面必须平坦、水平，整齐划一。比赛场地的地面不得存在任何可能伤害队员的隐患，不能在湿、滑或粗糙的地面比赛。室内比赛场地的地面必须是浅色的。室外场地为了排水，每米可以有 0.5 厘米的坡度，不得用任何坚硬的物体作为场地的界线。

排球场地所有的线宽是 5 厘米。其颜色应该与地面以及其他项目场地线不同。界线是两条边线和两条端线，划定了比赛场区。边线和端线的宽度都包括在比赛场区内。中线在网下连接两条边线的中点。中线的中心线将比赛场区分为长 9 米、宽 9 米的两个相等场区。在每个场区各画一条距离中线中心线 3 米的进攻线，标出了前场区。进攻线与端线之间标出了后场区。在端线后两条边线的延长线各画一条长 15 厘米、垂直并距离端线 20 厘米的短线，两条短线之间的区域为发球区，短线的宽度包括在发球区内，发球区宽 9 米。两条进攻线的延长线之间、记录台一侧边线外的范围为换人区。

1. 排球比赛的场地线、场区

排球比赛的场地线、场区如图 5 - 1 所示。

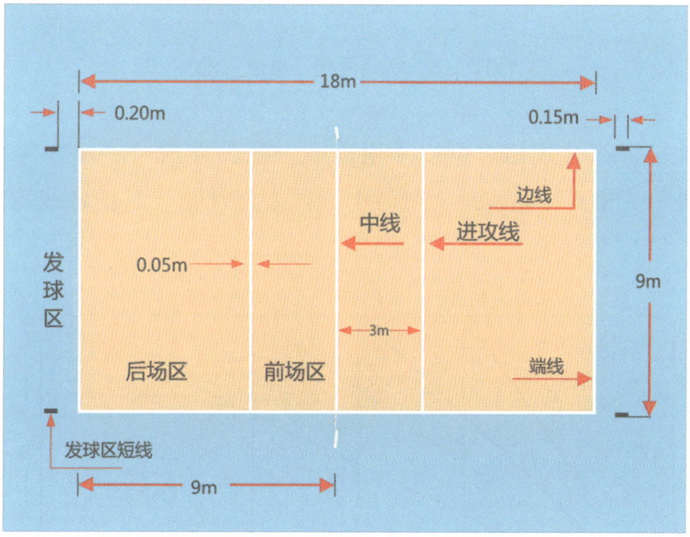

图 5 - 1　排球场地线与场区

2. 排球场地画法及检查方法

先在场地中间画一条 9 米长中线 MN，取中点 O 为圆心，以 10.06 米为半径，向 4 个场角画弧。再分别以 M、N 为圆心，以 9 米为半径画弧，分别同前面的 4 个弧线相交，共成 A、B、C、D 4 个点，连接这 4 个点便成了场区的边线和端线。再分别以 M、N 为圆心，以 3 米为半径，在各边线上截取 E、F、G、H 4 个点，连接 EF、GH 形成进攻线。发球区短线分别画在 4 角边线延长线上，距端线 20 厘米，长 15 厘米。(图 5－2)

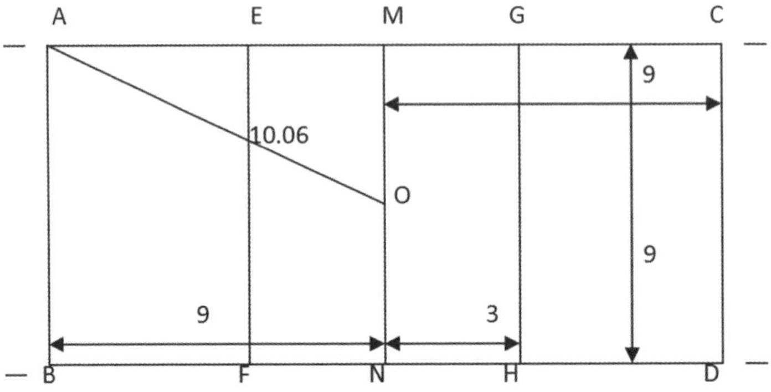

图 5－2　场地画法（单位：米）

检查场地是否符合规格，可以采用以下方法：将钢尺一端固定在场地一角，然后向各点进行丈量。注意实地丈量时中线以中点计算，其他各线均以外延计算。(图 5－3)

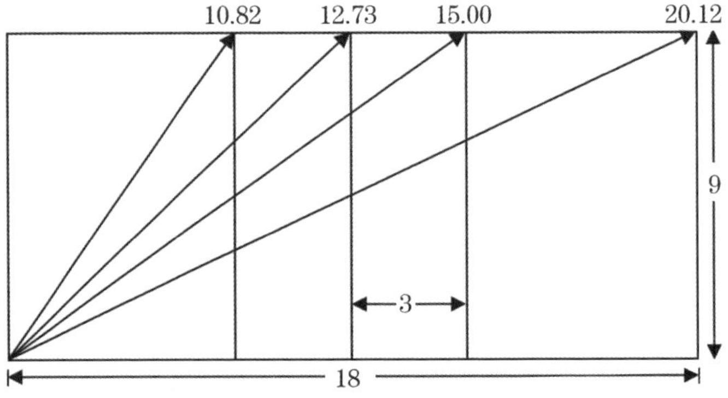

图 5－3　场地检查方法（单位：米）

（二） 网柱和网

1. 网柱

两根网柱分别架设在两条边线外 0.5～1 米处，高 2.55 米，最好可以调节高度。网柱为圆柱形，光滑并无拉链。一切危险设施和障碍物都必须清除。

2. 球网

球网架设在中线上空，正式比赛高度为男子 2.43 米、女子 2.24 米。青少年比赛的网高男子 2.35 米、女子 2.15 米。业余比赛可以在规程中确定。

3. 标志带

两条宽 5 厘米、长 1 米的白色带子为标志带，分别系在球网的两端，垂直于边线。标志带被认为是球网的一部分。

4. 标志杆

标志杆是有韧性的两根杆子，长 1.8 米，直径 1 厘米，由玻璃纤维或类似材料制成。两根标志杆分别设置在标志带外延球网的两侧。标志杆高出球网 80 厘米。高出部分每 10 厘米应涂有明显对比的颜色，最好为红白相间。标志杆被认为是球网的一部分，并视为过网区的边界，也可以看成是向上空无限延长（室内至天花板）的过网区的边线。基层比赛时可用细、直的竹竿代替。

（三） 球

比赛用球是圆形的，颜色应是一色的浅色或彩色。圆周 65～67 厘米。重量 260～280 克。气压 0.30～0.325 千克/平方厘米。比赛时应统一用球。

（四） 气排球场地设备

气排球比赛的场地长 12 米，宽 6 米，中线将场地划分为两个均等的场区。进攻线距离中线 2 米。气排球比赛可以利用羽毛球场地（长 13.4 米，宽 6.1 米）进行比赛。

气排球比赛的网高，男子 2.0 米～2.10 米，女子 1.80 米～1.90 米，男女混合 2 米。

气排球的重量为 100～150 克，周长 79～85 厘米。

二、排球比赛胜一分，胜一局，胜一场

在排球比赛中，球队赢得一球则获得一分，当接发球队赢得一球，该队得到一分并获得发球权，同时场上队员顺时针方向轮转一个位置。

第1局至第4局先获得25分并至少领先2分则胜一局，若比分为24:24时，继续比赛，直至某队领先对手2分为止（26:24或27:25）。第5局先获得15分并至少领先2分的队伍获胜（16:14或17:15）。

先胜3局的球队胜一场，即为该场比赛的胜者。

三、排球场上的位置关系

发球队员击球的瞬间，双方队员均须在各自的场区内依照轮转次序排列（发球队员除外）。

排球场地的位置区域见图4－1。

队员的位置以他们脚触地位置来判定，即每一位前排队员必须至少有一只脚的部分，较相对位置的后排队员的双脚更靠近中线，如4号位队员要比5号位队员距离中线更近。每一位右（左）侧队员均必须至少有一只脚的部分，较同排中间队员的双脚更靠近右（左）侧边线，如1号位队员要比6号位队员距离右侧边线更近。（图5－4）

球一旦发出，场上队员即可在本方的场区及无障碍区域任意跑动。

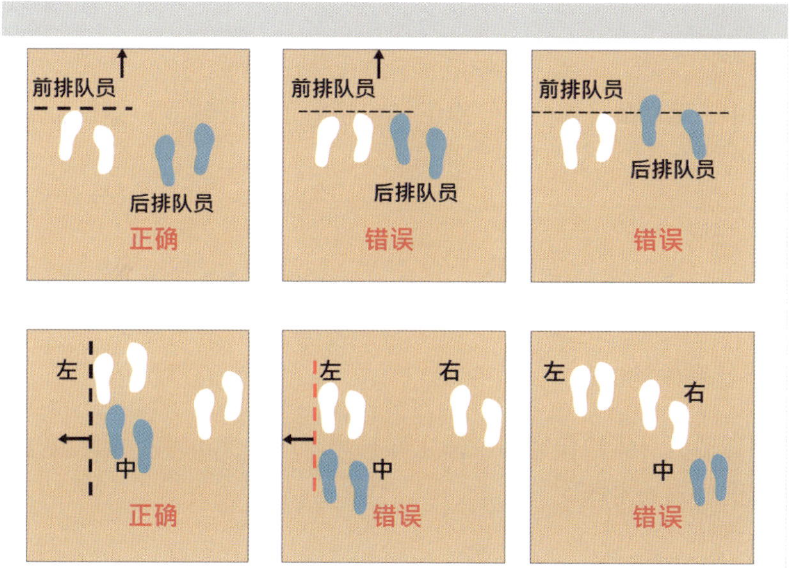

图 5－4　排球场上位置关系

四、排球比赛中常见犯规

（一）发球犯规

发球队员必须在第一裁判员鸣哨 8 秒内将球发出。发球时用一只手或手臂将球发出，球必须抛离手。发出的球必须从球网上沿，两根标志杆之间过网。发球队员在击球时或起跳时，不得踏及场区（包括端线）或发球区以外的地面，击球后可以落在场区内或发球区以外的地面。

（二）网下穿越

在不妨碍对方比赛的情况下，允许队员在网下穿越进入对方空间，允许队员身体的任何其他部位接触对方的场区。不允许队员的脚完全进入对方场区，允许队员的一只脚或双脚的部分越过中线触及对方场区，或脚的投影置于中线上空。比赛中断后，队员可以进入对方场地。

（三） 触网

在比赛中，运动员身体的任何部位（包括辫子、服装等）不得触及标志杆以内球网的任何部位。

（四） 拦网

只有前排运动员允许完成拦网，后排运动员不得参与拦网。

（五） 比赛中的击球

比赛中运动员身体的任何部位都允许触球。进攻性击球是指除发球和拦网外的其他所有向对方的击球。

（六） 击球的犯规

①四次击球：球队在将球击回对方场区前触球四次。

②借助击球：在比赛区域内，运动员以队友或任何物体作为击球的支撑。

③持球：运动员未能清晰地将球击出，而是携带球、捧球、捞球、掷球等。

④连击：运动员连续击球二次或球触及身体的多个部位（接发球、接扣球除外）。

⑤后排进攻性击球：后排运动员在进攻线前将高于球网上沿的球直接击入对方场区。

五、比赛中的换人与暂停

（一） 关于队员的替换

每局每队允许 6 人次换人，上场阵容主力队员再次上场时必须回到原来的位置上，替补队员每局上场 1 次，下场时由原位置队员替换。

（二） 关于比赛暂停

每局比赛每队最多有 2 次暂停，每次 30 秒，可以连续请求，也可以换人后请求，暂停时队员必须退出比赛场地。

每局比赛的局间休息 3 分钟，局间的工作是交换场区和填写位置登记表。

第二节　排球比赛中的裁判员手势

在排球比赛中，裁判员的判罚手势如图 5－5 所示。

表明的性质	裁判员手势	表明的性质	裁判员手势
· 允许发球 挥动发球队一侧手臂	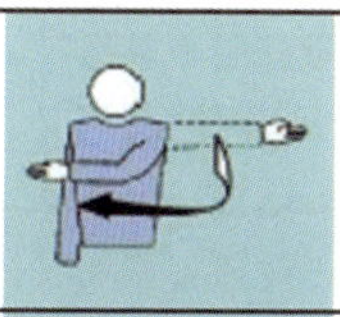	· 发球队 平举发球队一侧手臂	
· 交换场地 两臂在体前、体后绕体旋	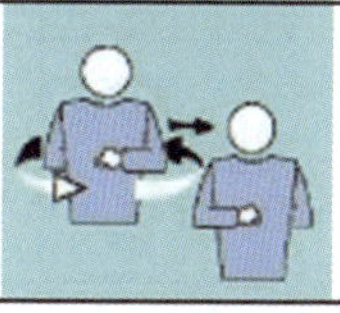	· 暂停 一臂屈肘抬起，另一手手掌放在该手指尖上	
· 换人 两臂屈肘在胸前绕环		· 判罚 一手持黄牌	
· 判罚出场 一手持红牌		· 取消比赛资格 一手持红、黄牌	
· 一局或全场比赛结束 两臂在胸前交叉		· 发球时未抛起 一臂屈肘慢慢举起，掌心向上	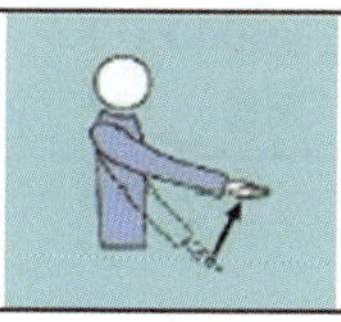
· 发球延误 举起八个手指并分开		· 掩护或拦网犯规 两臂上举，掌心向前	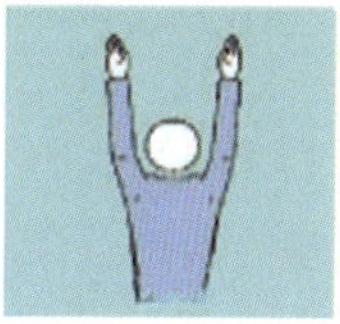

图 5－5　裁判员的判罚手势图

表明的性质	裁判员手势
·界外球 两臂屈肘上举，手掌向后摆动	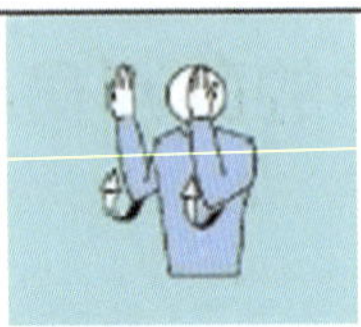
·连击 举起两个手指并分开	
·发球未过网和队员触网 一手触犯规队一侧球网	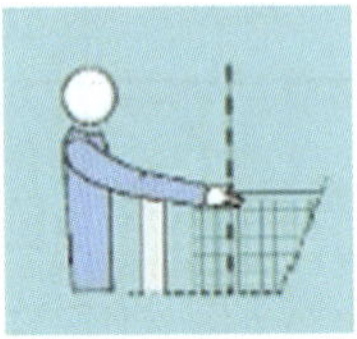
·双方犯规，重新发球 两臂屈肘，竖起拇指	
·延误警告和判罚 两臂屈肘举起，用一手掌遮盖另一手腕，掌心向身体（警告），或用黄牌指手腕（判罚）	

表明的性质	裁判员手势
·持球 一手前平举，掌心向上	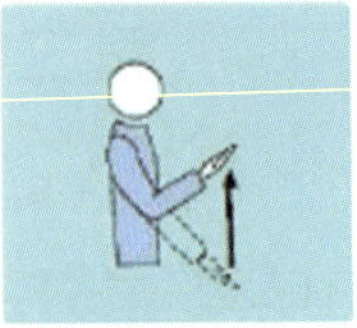
·四次击球 举起四个手指并分开	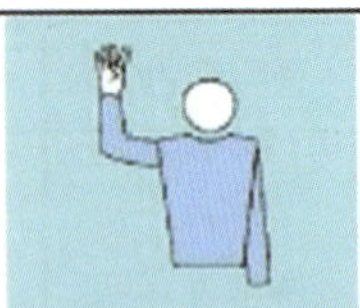
·过网击球或过网拦网 一手掌心向下，前臂置于球网上空	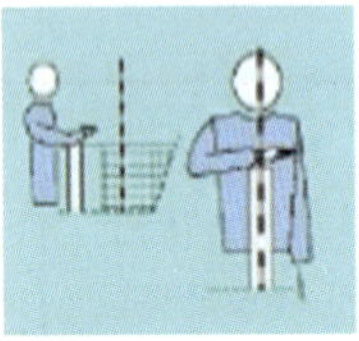
·暂停 一臂屈肘抬起，手指向上；另一手掌放在该手指尖上，然后指明提出请求的队	

图5－5　裁判员的判罚手势图（续）

第六章　提高球感的练习方法

第一节　单人用球练习方法

一、单人双手持球练习（适用于低年级或高年级初学阶段）

①前臂屈伸。双手持球，屈肘置胸前，前臂向前、向上、向左下、向右下，依次做屈伸动作。

②直臂振臂。双手持球，直臂置体前，经前平举，向头后振臂，经前平举，再回到体前。

③左右手绕球。右手掌心和左手手背分别触球的前后两侧，然后两手夹着球向前绕球，再向后绕球。

④转体。双手持球直臂前平举，两脚左右分开，向右转体，然后经前平举，向左转体，回到前平举，反复练习。

⑤侧体。双手持球直臂上举，两脚左右分开，向右侧体，然后再经上举，向

左侧体，回到上举。

⑥腹背下蹲。双手持球置体前，手臂上举向后振，弯腰球触地，然后全蹲手臂前平举，最后持球回到体前。

⑦腹背转体。双手持球置体前，两脚左右分开，手臂上举向后振，弯下腰时先用球触右脚，再触左脚，然后回到体前。第二次下腰时，先用球触左脚，再触右脚。

⑧高抬腿。双手持球，屈肘置腹前，左右交换屈腿，膝关节触球，不起跳。

⑨前踢腿。双手持球，直臂前平举，左右交换直腿举腿脚尖触球。

⑩练习 8 和练习 9 相结合。一次屈腿膝关节触球，一次直腿脚尖触球，然后换腿练习。

⑪腰绕环。双手持球直臂上举，两脚左右分开，做腰部绕环，幅度由小到大，左右绕环交替练习。

⑫弓步压腿。双手持球前平举，左腿压一次，然后转身压右腿，连续交替练习。

⑬侧压腿。双手持球前平举，左腿压一次，右腿压一次，连续交替练习。

⑭跳跃。双手持球置体前，双脚跳跃，每跳跃一次，手臂做一动：前举，上举，前举，体前。

⑮分合腿跳跃。双手持球置体前，一次分腿跳，一次并腿跳，手臂动作同上一练习。

⑯连续单脚交换跳。双手持球，后踢腿时，持球上举后振；前踢腿时，双手持球够脚尖。一条腿前踢落地后换另一条腿后踢，每只脚跳 2 次。反复进行。

⑰双手传球手型运球或滚球向前移动，向后移动。

⑱双手支撑球前后、左右弓步跳。下蹲双手支撑在球上，两腿做前后弓步跳、左右侧步跳。

二、单人单手持球练习

①扩胸。右手持球直臂在胸前，向右扩胸，返回到胸前时把球交给左手，向左扩胸，左右手反复交换练习。

②振臂。右手持球直臂在胸前，向头后振臂，经胸前把球交给左手，然后左手向头后振臂，左右手反复交换练习。

③肩绕环。右手持球直臂，向后绕环，经胸前时，将球交给左手，左手向后绕环；然后再换右手向前绕环，交给左手，左手向前绕环；左右手交换反复练习。

④髋绕环。左右手在腰间将球体前体后传递，通过髋关节的转动给球让出位置，关键是髋的转动。

⑤前踢腿。左右交换踢腿，两手将球在踢起的腿下左右穿过。

⑥分腿“8 字”绕球。两腿伸直开立，略比肩宽。体前屈，右手持球从左腿前往后绕，左手接球，然后左手持球从右腿前绕过，右手接球，反复练习，两腿尽可能伸直。

⑦弓箭步腿下绕球。转身 180°左右腿交换做弓箭步，球从前腿下绕过。

⑧全身绕球。双腿并拢，球从左手传至右手，顺序从膝后绕、腰后绕、颈后绕、腰后绕，然后从右手传至左手，反复练习。

⑨踢腿拍球。踢右腿时，右手将球从右侧拍到左侧，然后左手拍球，踢左腿，从左腿左侧拍向右侧。左右手连续拍球，左右腿连续交换踢腿。

⑩手指击球。在头上方两手掌心相对，手指朝上，五指自然张开，用两手的手指左右来回拨球，不使球落地。

⑪原地高抬腿绕球。原地高抬腿跑的同时，双手持球在腰间做绕球。

⑫高抬腿腿下传接球。看教师手势做向前、后、左、右高抬腿跑，并做腿下传接球。

三、单人抛接球练习（适合五、六年级）

1. 原地抛接球，体操队形练习

①尽量高抛，然后接住球，比抛球高度。

②高抛球，球在空中时连续击掌，然后接住球，比击掌次数。

③高抛球，球在空中时左右抬腿，然后接住球，比抬腿次数。

④高抛球，球在空中时，两手做快速体前、体后击掌，比击掌次数。

2. 转身抛接球，体操队形练习

①将球高抛起，转体180°或360°后接住球，向左转体，向右转体。

②胯下将球抛起，转身接住抛球。

3. 跳起接抛球，体操队形练习

①将球抛高，然后跳起在空中接住球，注意蹬地摆臂动作协调。

②收腹跳，双脚内侧夹球，收腹跳，把球夹起，然后用双手接住球。

③挺身跳，双脚脚后跟内侧夹球，挺身跳将球甩向身后，然后转身用双手接住球。

4. 变换身体姿势接抛球，体操队形练习

①站立，双手将球垂直向上抛起，然后迅速下蹲手摸地，再起立接住球。

②站立，双手将球垂直向上抛起，坐下双手接球；坐姿向上抛球，再站起接球。站立、坐下时手不撑地（练习初期允许手支撑辅助）。

③站立，双手将球垂直向上抛起，做一次立卧撑起后接住球。

5. 单手运球练习

单手（左手或右手）运球，向前或向后走动（跑动），向左或向右滑步运球或地滚球。看教师手势移动。呈体操队形散开进行练习。

6. 交叉步运球练习

交叉步运球（向左或向右），看教师手势移动，呈体操队形散开进行练习。

7. 反方向运球移动

看教师手势，做相反方向的运球移动，用滑步、交叉步做前进、后退移动练习。呈体操队形散开进行练习。

8. 侧踢腿抛接球

原地侧踢腿，同侧手将球从体侧腿下绕过向另一侧前方抛起，异侧手将球接住，左右腿交换进行。呈体操队形散开进行练习。

9. 左右移动钻过反弹球

将球垂直掷地上，利用球的反弹，从反弹起的球下左右钻过，每反弹一次，移动一次，逐渐降低重心，连续向左、右侧快速跨步移动。呈体操队形散开进行练习。

10. 移动接抛球

分组练习，站在场地一侧边线出发，向另一侧边线移动。各组练习结束，再返回重复移动练习。同组学生间保持足够的练习距离。以接住球为前提，提示学生要根据自己的移动能力，决定抛球的距离。当学生都比较保守时，在接住球的前提下比跑动距离。

①双手持球于腹前，由下向前抛球，跑动去接球。

②双手持球于头上，由头后向前抛球，跑动去接球。

③背向另一条边线，双手持球，从头上挺胸展腹后抛，然后转身跑去接球。

④双手持球，向体前地面掷球，然后移动钻到反弹起来的球下，用传球手型托住球。连续练习 2 ~3 次到达另一边线。

⑤背向另一边线，向身后 1 ~2 米处抛高球，后退移动，在腹前接住球。连续练习 2 ~3 次到达另一边线。

⑥双手持球向前抛出，快速向前移动后转体 180°接住球。可增加练习难度，转体 180°后坐下接球。

第二节　双人用球练习方法

一、2 人持 1 球练习

①胸前推球。2 人面对面，相距一臂远，同时持球，相互用双手在胸前推球。

②持球振臂。2 人背对背，手臂上举，同时持球，一人向前拉球，另一人向后振臂，两人交换拉球。

③转体传递球。2 人背对背，相距一臂左右的距离，1 人持球，2 人同时向右转体时，将球交给同伴，再同时向左转体，把球交回，反复练习。

④侧体传递球。2 人左右站立，相距一臂距离，面朝同一方向，1 人持球，2 人同时相向体侧时将球交给同伴，若干次后，换一个方向练习。

⑤头上胯下传递球。2 人背对背，相距一臂左右的距离，1 人持球，2 人同时做腹背运动，在头上和胯下相互传递球，头上 1 次，胯下 1 次。反复练习。

⑥弓步传递球。2 人面对面，两臂间隔，1 人持球，同时做弓箭步时传递球，转身另一腿弓箭步时，持球人将球在腿下绕过，然后再转身弓箭步传递球。

⑦交替下蹲起。2 人面对面，一臂间隔，2 人同时持球，1 人站立，1 人下蹲，交替做下蹲起。

⑧持球翻转肩。2 人同时持球上举，球不动，面对面开始练习，2 人分别向左、向右转体 360°，再反方向转体 360°，反复练习，慢速度练习。

⑨坐姿传递球。2 人坐姿，背对背，保持适当距离，左右转体传递球。

⑩仰卧起坐传递球。2 人坐姿，面对面，两腿分开，2 人的脚尖相对，仰卧起坐传递球。

二、2 人抛接 1 球练习

①双手头上抛球。相距 5 ~ 6 米，面对同伴，一人双手持球上举在头上抛球，另一人接住球，并进行相同的练习。

②单手扔反弹球。相距 5 ~ 6 米，面对同伴，一人单手向下扔球。另一人接住反弹球，然后重复此练习。

③转体抛球。相距 5 ~ 6 米，背对同伴，一人双手持球，转体时将球抛出，另一人接住球后转身做同样练习，抛球后转身接球。

④挺身抛球。相距 5 ~ 6 米，背对同伴，一人双手持球，挺胸展腹向后抛球，另一人接球后转身做同样练习，抛球后转身接球。

⑤胯下抛高球。相距 5 ~ 6 米，背对同伴，一人双手持球，弯腰从胯下将球抛向体后，要将球抛高，另一人接球后，转身进行同样的练习，抛球后转身接球。

⑥踢腿抛球。相距 5 ~ 6 米，侧对同伴，一人单手持球，同侧腿踢腿时，从腿下抛球给另一人，两人往返练习。

⑦背后抛球。相距 5 ~ 6 米，面对同伴，一人双手在背后持球，屈体从体后向前抛球给另一人，两人往返练习。

⑧跳起抛球。相距 5 ~ 6 米，面对同伴，一人持球跳起，在空中最高点从头上将球抛出，另一人接住球；也可以向地下扔球，同伴接住反弹球。两人往返练习。

⑨跳起转体抛球。相距 5 ~ 6 米，侧对同伴，一人持球跳起转体 90°，在空中将

球抛出或背对同伴，跳起转体180°在空中将球抛出，另一人接住球，两人往返练习。

⑩钻反弹球。一人连续拍球，另一人连续从反弹球下钻过，若干次后两人交换。

三、2人抛接2球练习

练习目的是提高学生观察球和控制球的能力，提高协调性，培养和提高配合意识及能力。2人一组，练习距离5米左右，每人1球，做各种抛接球的练习。

①一人双手各持1球，同时抛出，另一人双手接住2球。

②每人1球，一人双手空中抛球，另一人双手抛反弹球。2人同时抛球，然后接住同伴抛来的球。练习若干次后2人交换抛球的方式。

③每人1球，一人双手抛空中球或反弹球，另一人地滚球或脚踢球。2人同时进行，然后接住同伴抛来的球。练习若干次后2人交换抛球的方式。

④每人1球，一人自抛高球在头上，另一人给同伴抛球。自抛高球的学生接住同伴的抛球并抛回给同伴后，再接住自己的抛球。练习若干次后，2人交换抛球方式。这种练习方法强调配合的重要性。教师要提示学生分配好注意力，主要视觉用于找来球，余光看抛出球的准确性，依靠肌肉控制抛球到位。

⑤每人1球，背对背站立，同时从头上向后抛高球，然后转身接同伴抛来的球；也可2人同时从胯下抛高球，然后转身接住同伴抛来的球。

四、2项技术串联练习

①传垫球练习。2人对传，自传一次传给同伴。2人对垫，自垫一次垫给同伴。

②发、垫、传球练习，2人不隔网，距离6米左右，一人发球，另一人垫球，发球的人把垫起的球传出。2人交替练习。这种练习方法可以先扔球给同伴垫球，还可以结合球网，隔网扔球、发球。

③3人一组传、垫球练习。3人三角连续传球；3人三角连续垫球；3人三角连续传、垫球；3人一组，1人原地扣球，1人防守垫球，1人接应传球。

第七章　排球课堂小游戏及比赛方法

第一节　排球课堂小游戏

一、大渔网

在规定场地内，指定 2 名学生手拉手当渔网，其余学生当鱼。听到口令后，渔网迅速去抓鱼，抓住后 3 人手拉手组成更大的渔网。以此类推，直到把最后一名学生抓住。

要求：学生不能跑出规定的场地，游戏中不允许撞人，只要触摸到同伴即可，渔网断开后必须重新连接上才能继续抓鱼。

二、喊数抱团

全班同学围圈站立，沿排球场地顺时针或逆时针方向慢跑，听到教师喊的数字（也可是简单的数学运算，如2+3=5），学生迅速组合，要求人数与数字相同。未凑齐的小组接受相应的“惩罚”。

三、头上胯下传接球

学生成四路纵队站立，每队排头学生手拿一个排球，当听到口令时从头上向后传递，下一名同学接过球后从胯下传给再下一位同学，如此反复。队尾同学接到球后迅速跑到排头从头上传球开始，直到排头同学再次回到原位。先轮转完的队获胜。这个游戏也可以改为左右转体传接球。

四、拍球跑接力

以场地端线为起跑线，在另一端线处放置4个标志物，将学生平均分成4组，各组成一路纵队站于端线后。当听到口令时，排头同学迅速拍球向前跑，绕过标志物返回将球交给下一名学生，以此类推，先完成的组获胜。比赛中不允许提前跑，不允许抱球走。

①单手运球（返回时换手）。

②单手运球（返回时后退运球）。

③左右手交替运球。

④双手同时运球（传球手型）。

⑤侧滑步单手运球（去时右侧滑步，返回时左侧滑步）。

⑥后退跑运球（单手，双手）。

⑦地滚球（单手，双手；前进，后退）。

⑧自传球，自垫球。

五、螃蟹运球

将学生平均分为4组，端线后各组成一路纵队站立。组内2名同学自由组合，排头2名同学背对背相互挽着胳膊，用背将球夹住，当听到口令时，迅速出发，侧滑步到达折返线（可选进攻线）后返回，将球交给下一对同学，依次接力，先完成的组获胜。

要求：不允许提前出发；若中途失误必须将球重新夹住后继续游戏；游戏中不能用手扶球。

六、抱球跑接力

将学生平均分为 4 组，各组成一路纵队站于端线后。在进攻线处放置 4 个标志物。每组排头同学手抱 2 球，当听到口令时迅速跑出，绕过标志物迅速跑回，将球交给下一名同学，依次接力，先完成的组获胜。

要求：不允许提前出发；游戏中若球掉了必须将球捡起，回原位后才能继续游戏。

七、食物搬回家

将学生分为 4 组，分别站在排球场地的 4 个角，教师提前将球放在场地中间，设定 1 ~ 2 分钟的游戏时间。听到教师的口令后，各组排头学生迅速跑向球，每次只能拿一球，把球捡回到自己的小组后与下一名同学击掌，下一名同学才能出发，依次接力。当教师再次鸣哨时游戏结束，看哪组的球多哪组获胜。

八、冲过封锁线

将全班学生分为人数相等的 2 组，先让其中一组学生分散站在排球场地两边的边线外，每人拿一球。另一组学生从一侧端线出发，从两边线之间跑步穿过，通往另一侧端线。在边线外持球的学生以球击打穿越场地学生的髋关节以下部位，不能进入场内击打，不可捡球再攻击。听教师哨声开始游戏，一组跑完后互换角色再进行游戏。最后以未被击中人数多的队伍获胜。（图 7 – 1）

图 7－1　冲过封锁线游戏

九、沿线追逐跑

学生分散站在排球场地的端线、边线、进攻线或中线上，选出一名“挑战者”，游戏开始后，“挑战者”举手示意，然后追击并轻拍一人的后背，停留 3～5 秒的时间，两人互换角色，以此类推，反复进行。这个游戏要求“挑战者”必须沿着线跑，轻拍后背即可。(图 7－2)

图 7－2　沿线追逐跑游戏

十、打龙尾

将学生分为4组，两组间互相对抗，一组成一路纵队，后面的同学抱住前面同学的腰组成一条龙，另一组同学用一球，围圈分散站立，通过传球、递球、滚球等击打龙尾巴（最后一位同学），注意只能打腰以下部位。龙头可以用手或脚挡球，保护龙尾不被打。被打到后两组互换角色。（图7－3）

图7－3　打龙尾游戏

十一、贴膏药

一组人围成圆圈，一人跑，一人追。跑的人可以随意贴在圆圈同学的前面，被贴的人成为被追的人，一旦被追的人被抓住，两人角色互换，反复练习。每组12～15人。

十二、三球不归一

3～4 人一组，排球场地两半场各站一组学生。游戏共使用 3 球，一组 2 球，另一组 1 球。教师吹哨开始比赛。第一局甲方 2 球，乙方 1 球。游戏规则为：将手中的球抛向对方场地，当 3 个球同时在一方时，则另一方获胜。球过网的垂直面为进入对方的场地。游戏采用 3 局 2 胜制。第二局时甲方 1 球，乙方 2 球。比赛结束后换其他组上场比赛。（图 7－4）

比赛时不可抛球出界，若有一方将球抛出界外，教师则给该方补一球。球从网下抛过为界外球，需要把球捡回重新从网上抛过，或教师补一球。此游戏是为了培养找球意识和战术行为，提高接球技能，学会分工与配合，学习语言交流，学习临场选择并决策取胜方式。

图 7－4　三球不归一游戏

第二节　排球比赛方法

一、1 对 1 抛接球比赛

将学生分为 4 组，两组间对抗比赛。使用小场地，如长 4 米，宽 4 米的场地。排球场上同时安排两场比赛。网高 2 米。每边场地内有一名学生，其他学生在边线外准备。场上学生抛球过网至对方场地的空当处，抛球后出场排到本队队尾，下一名学生上场准备防守。另一方学生防守接住球后再抛球到对方场地，然后出场排到本队队尾。站在场地中间单手或双手抛球过网即为发球。球落地在哪方场地则对方得分。15 分为一局。然后两个胜队对抗，两个负队对抗。（图 7－5）

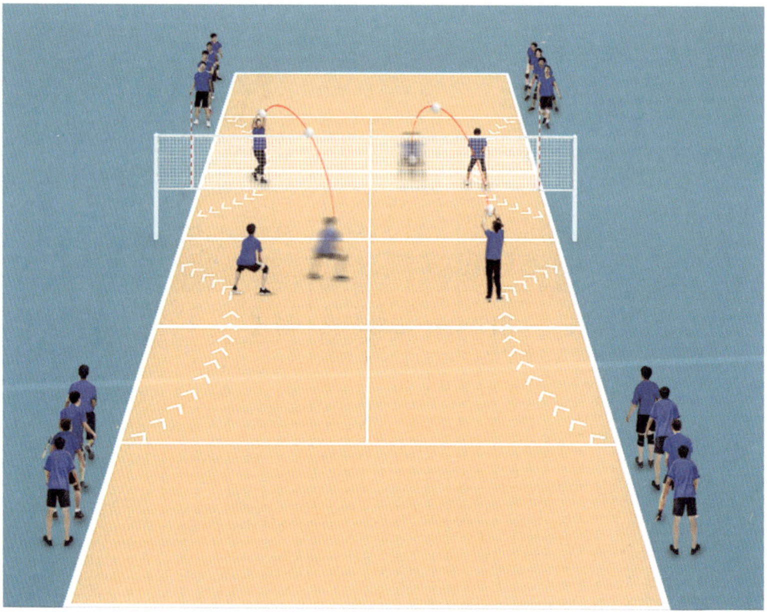

图 7－5　1 对 1 抛接球比赛

需注意的是在哪里接住球就在哪里抛出球。教师随时讲评好的意识和行为，随时讲解有关规则。比赛要求学生在不让球在本方落地的前提下，选择抛球落点，进攻得分。

二、6 对 6 抛接球比赛

帮助学生理解排球比赛的核心规则，即球不能在本方落地，而要让其落在对方场地内。培养学生观察来球并及时移动找球的能力，学习运用语言与同伴沟通，学习 3 次击球过网。6 人在场上无固定站位，相互找对方的空当抛球，在哪里接住球就在哪里抛球，不可抱着球跑动。每组可相互抛接 3 次球，球在哪一方场地落地则对方得 1 分。由得分方的任意同学在任意位置抛球再进行比赛。11 分为一局。然后换其他组上场比赛。教师要在比赛中穿插讲解排球比赛的方法和主要规则，指导学生判断来球，相互交流，通过同伴间的抛接球使球达到理想的进攻效果。

比赛也可采取 5 人接发球的基本站位，进行抛接球的比赛。发球由 1 号位学生采用中后场肩上抛球过网，得发球权后轮转一个位置，下一名轮转到 1 号位的学生发球。15 分为一局。教师在比赛过程中讲解如何找空当，选择进攻点，要求学生积极动脑，想办法多得分，少失分。

三、1 对 1 传球或垫球比赛

将学生分为 4 组，两组间进行比赛。使用小场地，如长 6 米，宽 4 米的场地。排球场上同时安排两场比赛。网高 2 米。每边场地内有一名学生，其他学生在边线外做好上场准备。场上学生传球或垫球过网至对方的空当处，垫球或传球后出场排到本队队尾，下一名学生上场准备防守。另一方学生防守接住球后自抛垫球（传球）到对方场地，然后出场排到本队队尾。站在场中间用单手或双手抛球过网为发球。球在哪一方场地落地则对方得分。15 分为一局。然后两个胜队进行比赛，两个负队进行比赛。

在哪里接住球就在哪里自抛垫球（传球）过网。比赛时只使用一项技术。学习传球技术后采用传球进行比赛，学习垫球技术后采用垫球进行比赛。允许学生直接传或垫对方的来球，前提是技术运用正确，若达不到技术标准，则要求学生接住球后再传球或垫球。教师在比赛中要求学生认真抛好球，并用正确的击球技术完成击球。

四、3对3比赛

将学生分为3人一组的若干组，场上3对3比赛，每个人都做好采用垫球或传球进行防守或进攻的准备。一名学生站在端线附近任意位置进行下手发球。场上学生可任意调换位置。15分为一局，看哪组先得15分，则哪组获胜，然后换其他两组上场比赛。根据组数多少，采用淘汰制或循环制。教师在比赛过程中要提醒学生之间多交流，积极跑动接应同伴的来球，随时做好准备处理不同的来球，减少失误。（图7－6）

比赛也可以每半场若干组，站在端线后面等候，采用一局5分制，看哪组先得5分，哪组获胜，然后两边各换一组上场。或者获胜方继续在场上比赛，失败一方换另一组上场。

图7－6　3对3比赛

五、6对6接教师抛球比赛

排球场地每半场有6名学生，前后两排站好，人数较多的情况下，采用3人一排，比赛若干球后，后排学生轮转到前排，前排学生下场到队尾，场下 3 名学生进场在后排比赛。以此方式进行轮换，让学生集中注意力在比赛中。教师在场外两边进攻线之间，隔网向场内抛球。每边最多可击球 4 次过网。采用每球得分制。教师给每边抛 5 次球，共抛 10 次球，看哪边得分多。抛 10 次球后，进行位置轮换，再进行比赛。教师抛球到不同的区域，尽量让每名学生都有接球的机会，控制好比赛节奏，随时对比赛中出现的情况进行讲解。比赛时要求学生果断选择技术，大胆运用技术，主动接对方的来球，或接应同伴的球。（图 7－7）

图 7－7　6 对 6 接教师抛球比赛

六、6 对 6 不轮转比赛

将学生分为若干组，进行淘汰比赛。每组前排 3 人，后排 3 人。两组队员固定位置不轮转，由后排 3 人依次在自己的位置上或端线后下手发球。当任何一方得 8 分时，双方前后排交换位置。3 次击球过网。采用每局 15 分，一局决胜负，然后换组。教师在比赛中重点指导发球，保证发球的成功率是比赛继续的前提。若女生在端线位置发球有困难，则可以在场内相应的位置发球。

七、6 对 6 轮转比赛

排球场地每半场有 6 名学生，按 5 人接发球阵型站位。后排右边的学生在距网 5 米左右处抛球过网进入比赛。第一次接球允许把球接住后再自抛垫球，算 1 次击球。每组最多可击球 4 次。得发球权后轮转一个位置。采用 15 分为一局，然后换组上场。在比赛中教师要提示学生，接发球时要提前判断，积极移动取位，不能等球，要随时做好准备接自己区域的来球。

比赛还可改为在距网 4 米处下手发球进入比赛。轮转发球。每球得分，15 分为一局，然后换组比赛。要求学生明确自己的位置及职责，轮转换位后迅速站好接发球阵型。或者在端线后发球，如果第一次发球失误，允许进行第二次发球。其他比赛过程同上。让学生体会完整的排球比赛。

八、6 对 6 大轮转发球比赛

将学生分为人数相等的两大组，每组上场 6 人，其他学生在场下随时准备。轮转比赛，端线后发球。当得到发球权后，轮转一个位置，6 号位的学生下场，由第 7 名学生上场比赛。再轮转一轮时，由第 8 名学生上场发球。以此类推。每局 25 分，采用 3 局 2 胜制。(图 7 – 8)

这种比赛适合每组 8 ~ 9 人，人数不宜过多，否则学生的注意力不易集中，应视人数决定如何分组。教师要提醒学生随时准备上场，保证比赛的连续性。比赛要求学生在场上注意力要集中，完成好每一个位置的角色；在场下要认真观摩，并思考自己将如何处理球。

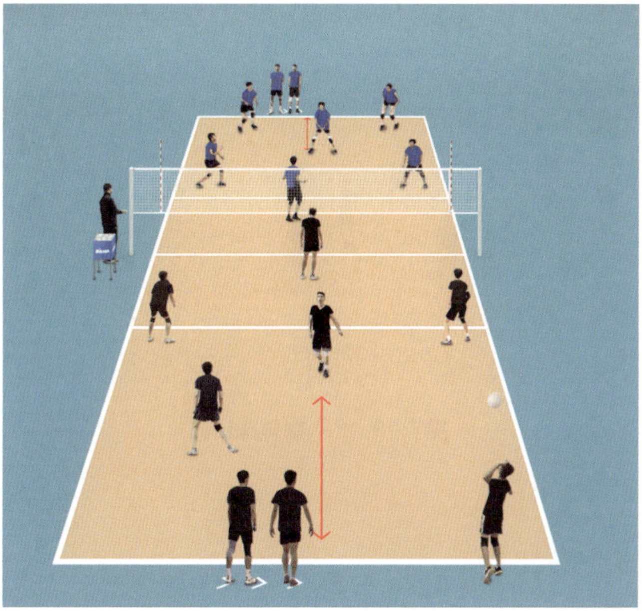

图 7－8　6 对 6 大轮转发球比赛

九、9 人制排球比赛

每组 9 名学生，在排球场地半场随意站位，不规定轮转发球，双方任意学生发球，在后场区下手发球，最多允许 4 次击球过网。每局 21 分，采用 3 局 2 胜制。由于场上学生较多，教师要帮助学生明确由谁来击球，提醒学生多呼应，要求学生果断选择技术，加强语言交流。（图 7－9）

每组 9 名学生，在排球场地半场站成 3 排，由第二排中间的学生发球过网进入比赛。每组可以击球 4 次，采用每球得分制。双方累计得 10 分时，3 排学生轮转换位。25 分为一局，可以采用一局定胜负，也可以 3 局 2 胜制。各排学生要明确自己的职责，换位后迅速进入角色；积极呼应，加强配合，注意同伴间的串联，随时接应同伴的来球。

图7-9 9人制排球比赛

十、6对6完整比赛

将学生分为3~4组，每组6人上场比赛，采用单循环制，通过抽签的方式决定哪两组先上场比赛。轮转发球。采用5人接发球阵型，轮到3号位的学生担任二传，3次击球过网。对比赛中出现的问题，教师应及时进行指导。教师需提醒学生主动判断来球，大胆击球，鼓励学生多用传球技术。

固定二传进行比赛，分组和比赛形式同上。可由场下的学生担任裁判工作或协助教师完成裁判工作。各组商定两名二传队员，自行决定上场阵容。采用“中一二”接发球进攻阵型。为了鼓励和促进学生组织有效进攻，可以增设组成“中一二”进攻加1分的规定。15分或25分为一局，一局决胜负，然后换另外两组上场比赛，并换裁判组。比赛由学生自己组织进行，教师仅对比赛中出现的共性问题进行指导，必要时中断比赛或在学生请求暂停时辅助指导。场下学生可以进行技术练习。